A PROPOS

DES

TARIFS DE DOUANE

PAR

LE DUC DE NOAILLES

MEMBRE DE LA SOCIÉTÉ NATIONALE
D'AGRICULTURE DE FRANCE

PARIS

E. DENTU, LIBRAIRE-ÉDITEUR

3, PLACE DE VALOIS, 3

—

1893

Tous droits réservés

A PROPOS

DES

TARIFS DE DOUANE

A PROPOS

DES

TARIFS DE DOUANE

PAR

LE DUC DE NOAILLES

MEMBRE DE LA SOCIÉTÉ NATIONALE
D'AGRICULTURE DE FRANCE

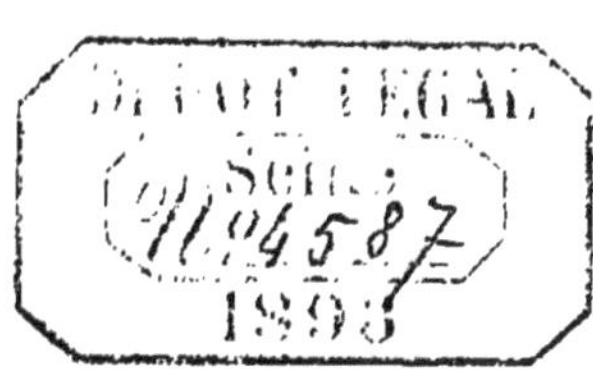

PARIS

E. DENTU, LIBRAIRE-ÉDITEUR

3, PLACE DE VALOIS, 3

——

1893

A PROPOS

DES

TARIFS DE DOUANE

La voici donc écoulée sans trop d'encom-
bre cette première année du nouveau régime
de douane, qui devait, disait-on, accumuler
chez nous tant de catastrophes. Ceux dont
les sombres prévisions ne se trouvent pas
réalisées, Dieu merci, seront assurément
les premiers à s'applaudir de n'avoir pas
été prophètes dans leur pays. Le prix du
pain et des denrées alimentaires indispensables s'est maintenu à un niveau normal,
et le mouvement même de notre commerce
n'a pas subi les perturbations profondes

signalées longtemps à l'avance par un patriotisme inquiet dont personne, d'ailleurs, n'a le droit de réclamer le monopole. Si la situation n'est pas brillante en France, elle n'est brillante nulle part, et dans les États qui pratiquent le libre-échange moins encore peut-être que dans les États protectionnistes. Plusieurs causes générales, que nous n'avons pas à étudier ici, motivent le ralentissement des affaires. Le monde entier souffre actuellement d'une crise commerciale et industrielle très fâcheuse; l'agriculture française n'en est pourtant pas responsable.

Le rejet de la convention commerciale franco-suisse.

On l'accuse aujourd'hui d'avoir fait rejeter le projet de convention franco-suisse, dont elle aurait payé presque entièrement les frais. Mais la passion même que les libre-échangistes mettaient à le défendre prouve bien qu'ils avaient cru trouver là le moyen d'opérer un mouvement tournant contre les décisions de la majorité parlementaire pour détruire, par une diversion habile, tout l'édifice protecteur, si laborieusement élevé.

Nul ne déplore plus que nous la mauvaise humeur justifiable de nos excellents voisins. Mais qu'y faire? La fatalité des choses, c'est-à-dire notre faiblesse relative sur le terrain de la concurrence universelle, contraint la France de s'imposer à elle-même la gêne de la protection douanière, et de l'imposer aussi par conséquent aux peuples avec lesquels nous trafiquons. Ceux-ci en sont contrariés et le disent. Rien de plus naturel; on serait par trop naïf de s'en étonner. C'est même pour avoir la faculté d'opposer aux réclamations prévues la fin de non recevoir la moins désobligeante en la forme, que nos législateurs avaient adopté comme règle invariable le *non possumus* du tarif minimum. La prudence conseillait de s'y tenir, au moins provisoirement, sous peine d'aggraver les difficultés qui devaient infailliblement surgir sur un point quelconque de nos frontières. Ce sont les demandes de notre plus ancienne alliée et meilleure amie qu'il a fallu décliner tout d'abord : l'obligation était douloureuse. Pouvions-nous toutefois, même en faveur des liens traditionnels et des rapports de cordial voisinage, sacrifier « les intérêts vitaux du travail national » ?

Les libre-échangistes nous disent : En refusant la convention helvétique, vous avez ouvert de nouveaux débouchés aux Allemands en Suisse. Les protectionnistes répondent : En acceptant la convention helvétique, vous ouvriez par là même de nouveaux débouchés beaucoup plus larges aux Allemands en France, ce qui est pire.

En effet, comme l'a si justement observé le Président de la Société des agriculteurs de France, M. le marquis de Dampierre, « la Suisse n'était qu'un écran sympathique dont on couvrait fallacieusement les concessions identiques qui devaient être fatalement faites dans le monde entier aux pays avec lesquels la France entretient des relations commerciales, à ceux auxquels nous devons le traitement de la nation la plus favorisée, à l'Allemagne en particulier, à l'étreinte de laquelle nous avons eu tant de peine à échapper. Il est évident qu'une fois le tarif minimum abaissé pour une seule puissance, toutes auraient le droit d'exiger cet abaissement. »

Les bruyantes manifestations de mécontentement qui ont accueilli de l'autre côté du Jura le rejet de la convention proposée, ne sauraient faire oublier que la Suisse réclamait de nous beaucoup plus qu'elle ne pouvait nous donner en retour. On ne nous demandait rien moins que de compromettre tout notre commerce extérieur pour conserver des transactions qui n'en constituaient pas la seizième partie[1]. Était-ce équitable ?

1. Les ventes de la France à la Suisse, en 1891 (211 mil-

Quant aux raisons de sentiment invoquées dans la presse afin d'obtenir un traité de complaisance par droit d'amitié, nous ne serions pas embarrassés de les rétorquer en bonne justice, l'amitié vraie comportant la réciprocité des obligations. Les Français se trouvent aujourd'hui dans une situation singulièrement difficile en Europe; leurs amis sincères voudront bien ne pas le méconnaître.

Certes, à divers points de vue, le désir, comme l'avantage de la France, serait d'entretenir d'ores et déjà des relations plus spécialement intimes avec ses voisins et amis de Suisse, de Belgique, d'Espagne, y compris le Portugal, et avec l'Italie un jour ou l'autre. Est-ce notre faute si toute concession en faveur de ces différents peuples, auxquels nous rattachent tant d'affinités naturelles, porte en réalité beaucoup plus loin?

La convention commerciale helvétique n'au-

lions de francs), ne représentaient que 6,07 p. 100 de notre commerce extérieur.

rait ouvert dans notre système douanier qu'une simple chatière. Mais, que la Suisse l'eût voulu ou non, la chatière se serait vite élargie, et tous les produits du monde y eussent passé. La Chambre qui avait voté les tarifs a eu la sagesse de comprendre qu'il ne lui appartenait pas de détruire prématurément son œuvre défensive en se prêtant à des combinaisons subreptices. Sous peu, nous aurons une Chambre nouvelle, fraîchement émoulue de la meule électorale. Cette assemblée, rajeunie et imbue des impressions, des regrets ou des satisfactions du pays, sera bien à même d'apprécier avec une impartialité suffisante le régime établi par sa devancière, et de le reviser loyalement, s'il y a lieu, en connaissance de cause.

Nul ne prétend sans doute que tout soit pour le mieux dans le meilleur des mondes protectionnistes. Le système protecteur, dont la raison première est un état d'infériorité notoire sur tel ou tel point devant l'étranger, n'a rien en soi de triomphal. C'est un aveu et un expédient imposés par la situation actuelle, un mal nécessaire, si l'on veut, mais un moindre mal que d'être écrasés par des rivaux trop puissants. Nous préfèrerions marcher gaillardement, sans la béquille douanière. Travaillons à devenir assez forts pour pouvoir nous en passer bientôt.

D'ici là, nos agriculteurs doivent redoubler de vigilance. Les libre-échangistes ont montré avec quelle souplesse ils savaient déplacer les questions et manœuvrer sur le terrain diplomatique, afin d'entrebailler la porte dont la hallebarde d'un Suisse débonnaire aurait eu la garde. La formule traditionnelle « parlez au suisse » serait devenue une sorte de « sésame ouvre-toi » à l'usage de tous les peuples. Nos braves campagnards ne se sont pas laissé prendre au piège. Fidèles à leur devise *gesta, non verba*, c'est par le geste du vote sans phrases qu'ils ont répliqué aux discours de la tribune. Mais cette victoire, qui était pour eux une obligation pénible dans les conditions délicates où se livrait la bataille, ne les dispense pas de continuer à défendre leurs idées et leurs intérêts, au risque de revenir sur des discussions qu'on avait le droit de croire épuisées pour un temps.

Les retours offensifs sont toujours à craindre de la part d'adversaires infatigables qui ont pour eux les séductions de la presse et de la parole, comme ils s'en rendent témoignage à eux-mêmes. « Nous l'emportons, disent-ils, dans toutes les discussions, si nous sommes battus dans les scrutins. » Une exception tout au moins s'impose en faveur de M. Méline, « dont l'esprit court les champs, sinon les rues », affirment ses antagonistes dans leur partialité pour les maisons de commerce et d'industrie, contre la maison rustique que nous défendons.

Points faibles de l'agriculture et de l'industrie françaises.

Les libre-échangistes déclarent que la protection douanière est une calamité publique. Les protectionnistes ripostent que le libre-échange est un désastre général. Toute exagération à part, il y a du vrai dans les deux assertions contraires. C'est qu'un mal originel existe, lequel tient à la nature des choses, indépendamment des divers régimes économiques. Quand une situation est foncièrement mauvaise par elle-même, aucun système ne saurait être absolument bon dans l'application, quelle que soit la beauté de la théorie. Le moins défectueux ne sera jamais qu'un palliatif ou un remède temporaire aux difficultés existantes.

Ce mal originel, trop évident, est l'état d'infériorité flagrante où se trouve en face de l'étranger la France industrielle et agricole

pour l'écoulement de presque tous ses produits[1]. Une constatation aussi fâcheuse peut
coûter au patriotisme. Mais supprime-t-on les
réalités pénibles en les passant sous silence?
L'optimisme endormeur ne serait pas moins
funeste à nos intérêts que le pessimisme
décadent. D'ailleurs, notre faiblesse relative
dans la concurrence acharnée des ventes à bas
prix sur le marché universel n'a rien dont
puisse souffrir l'amour-propre national. C'est
le revers des médailles d'or que nous valent à
toutes les expositions du monde la supériorité
technique ou artistique de notre fabrication
et la haute qualité de nos produits. En général, nous fabriquons trop bien et nous sommes
forcés de vendre trop cher. Si nous fabri-
quions plus mal, nous perdrions notre pres-

1. Appliquée différemment, cette remarque se retrouve
dans les meilleurs recueils économiques. « S'il est vrai qu'au
point de vue des lettres, des sciences et des arts, notre pays
n'est inférieur à aucun autre, on ne peut pas en dire autant
en ce qui concerne l'agriculture, le commerce et l'industrie. »
Journal des Économistes, mai 1893.

tige, sans arriver peut-être à pouvoir baisser nos prix autant que nos rivaux, avant un nombre d'années pendant lesquelles une protection efficace est indispensable.

Autrefois, lorsque les communications étaient lentes et difficiles, nous affrontions la lutte dans des conditions plus favorables ou moins inégales. Aujourd'hui que la vapeur et l'électricité, rapprochant les distances, multiplient les concurrences européennes et rendent si redoutables celles des nouveaux continents, tout est profondément changé à notre désavantage. Il se rencontre toujours, de par le monde, un peuple assez privilégié pour pouvoir vendre moins cher que nos nationaux sur le marché extérieur, et même chez nous, quelqu'un des produits similaires aux nôtres, excepté les articles de luxe dont le placement reste rare et malaisé.

Avec les nations de l'Europe continentale, peut-être réussirions-nous encore à nous tirer d'affaire, n'était pourtant le poids écrasant d'un budget total de quatre milliards, qui grève outre mesure notre production. Plus l'impôt est lourd, plus les prix de revient augmentent. Or le Français paie cent francs de contributions par tête en moyenne, l'Allemand ne paie que soixante-sept francs ; l'Italien, soixante ; le Belge, quarante-six ; la partie cesse donc d'être égale[1]. Mais c'est avec l'Angleterre pour les objets fabriqués, avec l'Amérique et l'Australie pour les matières premières et les denrées d'alimentation que la rivalité devient impossible.

Comment lutter contre les forces acquises et les immenses ressources de la Grande-Bretagne, à laquelle seule ont profité les guerres ruineuses du commencement de ce siècle, en lui assurant d'énormes bénéfices mercantiles, de nouvelles possessions coloniales et des mo-

---

1. Les chiffres cités dans cette étude ont été puisés aux meilleures sources. Il est difficile toutefois d'en garantir l'exactitude absolue, comme d'établir une concordance complète entre des statistiques faites à des points de vue différents.

nopoles précieux? Depuis deux cents ans, à part la séparation violente et prématurée des États-Unis, le gouvernement anglais n'a pas subi de profond désastre, ni commis de faute lourde et irréparable. Pendant ce long espace de temps, l'Angleterre a su n'importer chez elle ni invasions, ni révolutions. Elle n'a exporté ouvertement la guerre, et clandestinement, dit-on, quelques menées révolutionnaires à l'étranger, que dans la mesure de ses convenances et de ses intérêts positifs. L'empire britannique, occupant le premier rang comme puissance industrielle, capitaliste et commerciale, peut se permettre, en fait de libre commerce, ce qui est interdit à d'autres.

Notre rivale a pris sur nous une avance bien difficile à regagner tant que sa suprématie maritime la rendra maîtresse du marché universel. Suffirait-il de notre millier de bateaux à vapeur pour la supplanter de ses positions commerciales inexpugnables, et pour lui disputer les innombrables débouchés que lui ouvrent, sur tous les points du globe, ses quinze mille bateaux à vapeur, protégés par sa formidable flotte militaire ? Un peuple aussi fortement préparé pour la lutte économique défie jusqu'ici toute concurrence.

Qui le battra sur le terrain industriel? Sera-ce quelque jour l'Amérique? Peut-être. Elle dispose, en tout cas, de puissants moyens, que la nature nous a refusés. N'allons-nous pas voir, à bref délai, convertir et mettre en actions, cotées dans Wall Street ainsi qu'aux bourses de Londres et de Paris, la merveille pittoresque du Nouveau-Monde, la chute du Niagara elle-même, transformée en une prodigieuse force motrice de rouages hydrauliques et de transmissions électriques, constituant à elle seule 3 200 000 chevaux-vapeur? Nos rivières ne sont vraiment pas de taille à lutter. Il y a bien la chute du Rhin qui va faire ce qu'elle peut; mais elle n'est pas en France, que nous sachions. Et les rapides du Rhône à Bellegarde ne paraissent que de minces filets d'eau, comparés à la cascade géante.

Nous nous garderons d'entrer dans le détail des analyses et des chiffres, ni d'étaler ici les côtés faibles de notre industrie nationale. C'est là une sorte de secret professionnel, qu'il ne nous appartient pas de divulguer dans les discussions de ce genre. Notons pourtant que cette infériorité doit être assez grande, s'il faut en juger par le taux élevé des tarifs protecteurs que nos manufacturiers ont de tout temps réclamés et obtenus comme indispensables. Nul ne pensera qu'ils les aient demandés sans nécessité absolue, à l'unique fin de grossir démesurément leurs profits.

Quant aux productions agricoles et aux matières premières, pas de mystère à dévoiler : la triste vérité n'apparaît que trop. Les prix et les cours, qui sont publiés partout, montrent d'eux-mêmes combien notre situation est inférieure à celle des pays étrangers. Nul n'ignore que les céréales, la viande, le bétail, les alcools, les sucres, les huiles, les plantes textiles coûtent généralement plus à produire en France qu'ailleurs. Comme si ce n'était pas assez des États-Unis et de l'Australie, voici que l'Inde à son tour est entrée en ligne contre nos agriculteurs, déjà singulièrement éprouvés. Les blés du Far-West ou de l'Asie, même après avoir acquitté les taxes douanières, peuvent se vendre à Paris moins cher que les blés français[1].

En outre, dans le commerce avec les Indes, nos tarifs protecteurs n'arrivaient pas jusqu'à présent à compenser l'écart du change monétaire[2]. De même, les droits d'entrée frappant les vins espagnols se trouvent partiellement

1. Nous ne mentionnons pas de chiffres positifs ; il est toujours malaisé d'établir d'une façon générale les prix de revient qui peuvent, selon les points de vue et les circonstances, comprendre des éléments plus ou moins nombreux et variables.

2. Dans quelle mesure la récente décision par laquelle le gouvernement indien a suspendu la frappe de l'argent modifiera-t-elle cet état de choses ? Il est assez difficile de le prévoir.

annulés par la différence du change. Inutile d'insister sur des faits connus. Une supériorité nous restait encore, les vins de luxe : le phylloxera nous l'a ravie. Il y a bon espoir, après vingt ans d'efforts, de voir renaître cette production précieuse, mais à grands frais.

L'infériorité actuelle de notre agriculture et de notre industrie est un malheur initial que rien ne peut conjurer d'emblée aujourd'hui, et dont personne présentement n'est responsable. Cette fatalité première ne nous permet d'opter qu'entre un libre-échange périlleux et une protection douanière toujours onéreuse. Le pays et le parlement ont fait leur choix, non sans peine d'ailleurs. Lorsqu'en présence de deux opérations fort pénibles, il devient nécessaire de décider quelle est la moins douloureuse, on comprend l'embarras des arbitres chargés de trancher la difficulté sans pouvoir éviter de porter atteinte à des intérêts également respectables. Comme les intérêts lésés ne désarment pas, des protestations s'élèvent, qui appellent des répliques, et le débat recommence. Où est le moindre mal, toute la question se borne là.

Le libre-échange.

Le libre-échange serait-il l'aggravation ou le remède de notre situation actuelle ? Naturellement il faut entendre ici le libre-échange intégral, industriel aussi bien qu'agricole, seule hypothèse équitable et libérale admissible en l'espèce.

On voudrait nous faire croire que le libre-échange est la douce paix des concessions intérieures et internationales, des politesses et des aménités mutuelles. C'est au contraire la guerre libre des concurrences acharnées par l'abaissement des prix de revient et de vente et conséquemment, selon toute probabilité, par l'abaissement corrélatif des salaires, ou même l'arrêt complet de certaines productions. C'est la victoire assurée des forts sur le marché

général, comme dans l'intérieur même du pays
des faibles. Et nous ne sommes pas les plus
forts aujourd'hui. Demain, nous verrons.

Parlons plutôt d'hier, dira-t-on en alléguant
l'exemple des traités de 1860, sous le régime
desquels la France a prospéré. Soit. Mais d'abord
ces fameux traités de commerce ne sauraient
être confondus avec le libre-échange, car une
très large part y était faite à la protection industrielle. On néglige ensuite de tenir compte
des circonstances qui, depuis cette époque,
ont profondément modifié l'état des choses
dans trois ou quatre parties du monde sur
cinq.

En 1860, l'industrie française n'avait pas à
soutenir la lutte contre les producteurs de
l'univers entier. A l'exception de l'Angleterre,
elle ne craignait pour ainsi dire pas de rivale.
La concurrence de l'Allemagne semblait
alors peu redoutable. L'industrie américaine
s'essayait à peine, et la guerre de la Sécession
allait paralyser pour longtemps son essor. On

ne fabriquait pas dans les Indes comme on le
fait maintenant, au point d'inquiéter les manufacturiers britanniques eux-mêmes. Ce que
nous perdions d'un côté, nous pouvions aisément le regagner de l'autre.

Quant à l'agriculture, elle se trouvait tout
naturellement protégée par la distance, par le
manque ou la lenteur des communications
avec les pays lointains, qui se sont mis à produire, sur la plus vaste échelle, les céréales.
les denrées alimentaires, et les matières premières de toute nature. Les chemins de fer du
Far-West des États-Unis, ceux du Canada et
des Indes-Orientales n'étaient pas construits,
ni même commencés pour la plupart. Le canal
de Suez était inachevé et peu fréquenté au
début. La flotte à vapeur d'Europe n'existait
pas encore. Les Indes, l'Australie, les contrées
américaines Nord et Sud, baignées par l'Océan
Pacifique, ne songeaient guère à nous expédier
leurs blés ainsi qu'elles le font actuellement.
Notre agriculture pouvait encore lutter contre

la concurrence des céréales russes et contre
les importations peu considérables de quelques autres contrées. Aujourd'hui que cette
protection naturelle par la distance nous
manque, et que la situation de 1860 se trouve
renversée au profit de nos rivaux devenus
légion, le libre-échange agricole tarirait bientôt l'une des plus abondantes sources de notre
richesse et de notre vie nationales.

Patience, nous dit-on encore. Dans quarante ou cinquante ans peut-être, la population des États-Unis, du Canada et de l'Australie
sera aussi dense que celle de l'Europe centrale,
et le Nouveau-Monde n'aura pas trop de tous
ses produits pour suffire à sa propre subsistance. Puis l'Asiatique se civilise peu à
peu; il commence déjà dans les villes à se
nourrir de froment au lieu de riz. Plus la civilisation avec ses besoins variés se dévelop-
pera dans les pays arriérés, moins ceux-ci im-
porteront chez nous leurs blés qui seront alors
consommés sur place, et l'agriculture fran-

çaise, allégée d'une concurrence étrangère excessive, pourra reprendre un cours prospère. Le progrès guérira ainsi la blessure que le progrès avait faite.

Perspective attrayante sans doute, mais qui promet à l'agriculture un bonheur bien lointain, sinon posthume. En attendant, il faut qu'elle vive. A moins que quelque Talleyrand du libre-échange ne déclare qu'il n'en voit pas la nécessité. Laissez faire. Si l'agriculture française ne peut pas vivre, qu'elle meure ; si elle est morte, qu'on l'enterre. Voici donc le sort qui nous serait réservé d'après la marche naturelle des choses, que nous ne devons pas entraver par des obstacles factices : Notre agriculture succomberait d'abord librement sous l'affluence des denrées exotiques; puis, lorsqu'elle serait devenue définitivement incapable de pourvoir à notre alimentation, les autres contrées du monde n'auraient plus de produits surabondants pour suppléer à nos insuffisances.

La ruine aujourd'hui, la disette demain; le
respect des principes a-t-il tant d'exigences?
C'est dur tout de même.

Mais non, les frères de la doctrine libre-
échangiste ne prennent pas si lestement leur
parti des misères de nos laboureurs. Ils aiment
à se persuader que les cultures extensives à
bon marché des terres vierges situées en pays
lointains ne pourront pas durer longtemps,
et que l'épuisement progressif du sol allant
de pair avec l'accroissement des populations,
force sera d'adopter par delà l'Océan les coû-
teux procédés agricoles en usage dans les
anciennes contrées, ce qui atténuera ou sup-
primera la concurrence. Ils se disent aussi
que nos vieilles terres d'Europe, régénérées
par les engrais chimiques, n'auront désor-
mais rien à redouter de la production des
blés étrangers. Ce sont là des leurres et des
espérances trompeuses. Les phosphates, dont
les gisements abondent en Amérique, y con-
serveront sur un sol plantureux plus d'effica-

cité que sur le nôtre. Quant au mécanisme et
aux bonnes méthodes de culture, l'autre hémi-
sphère est plutôt en avance qu'en retard[1].

L'exemple de l'Angleterre montre bien ce
que coûte le libre-échange aux nations les
mieux préparées à l'appliquer. En effet, chez
nos voisins, l'introduction illimitée des céréales et des denrées alimentaires du monde
entier a converti la moitié des terres arables
en pâturages, et supprimé du même coup
l'intéressante catégorie des petits cultivateurs
et des vigoureux paysans anglo-saxons ou
écossais[2]. L'agriculture britannique la plus
riche, la plus intensive et la meilleure ayant
capitulé, sauf pour l'élevage du bétail, protégé
d'ailleurs par des moyens indirects mais effi-

1. Sur cette importante question des céréales, nous ne
saurions mieux faire que de nous en référer aux lumineuses
études publiées par M. Lecouteux et autres éminents spé-
cialistes.

2. Voici même que l'industrie meunière, annexe indispensable de l'agriculture, est presque absolument ruinée et
détruite en Angleterre, comme en Belgique, par la concurrence des farines américaines de bonne qualité.

caces, qu'adviendrait-il de la nôtre dans des conditions beaucoup moins favorables?

Cette ruine des intérêts agricoles a pu être relativement supportée par l'Angleterre, parce que la propriété du sol s'y trouve concentrée entre un très petit nombre de puissantes familles, et maintenue par les substitutions et le droit d'aînesse. Ce sont les détenteurs des grosses fortunes foncières qui ont reçu et accepté ce rude coup, non sans pertes sensibles ni douleur. Chez nous, où le morcellement de la terre est poussé très loin, nos paysans, nos petits cultivateurs, presque pauvres pour la plupart, ne seraient pas de force à résister. Veut-on les voir disparaître de nos campagnes? Qu'on le dise. Gardons-nous d'amoindrir ces deux classes également précieuses que nous avons encore le bonheur de posséder. A leur existence est attaché le sort du pays.

Sous peine de dépérir, la France ne peut pas se transformer en une puissance purement industrielle, et cela pour des raisons politiques, géographiques, économiques et sociales qui se comprennent de reste. Se décidât-elle à courir le risque de l'aventure, elle n'aurait aucune des chances de succès que la prépondérance commerciale, coloniale, maritime et capitaliste assurait à l'Angleterre. Notons que le libre-échange n'a pas empêché le ralentissement sensible du commerce britannique, pas plus qu'il n'apporte de remède à la crise du travail et aux grèves qui semblent à l'état endémique chez nos voisins d'Outre-Manche.

Moins bien armés qu'eux pour la lutte universelle de la concurrence industrielle et commerciale, pourrions-nous logiquement espérer des résultats meilleurs? Nos sacrifices agricoles resteraient sans compensation. Il serait fort douteux que l'industrie française, tout en profitant de la diminution des frais généraux de la vie ouvrière, grâce à l'entrée libre des denrées d'alimentation, réussît beaucoup mieux qu'actuellement à vaincre sur le marché du monde ses innombrables rivaux pour les objets de fabrication courante. Et il est à peu près certain que, n'étant plus protégée, elle perdrait presque tout le marché national, encombré par les articles à bas prix qui afflueraient chez nous de l'univers entier. L'étude patiente de nos produits examinés un à un en fournirait aisément la preuve. N'oublions pas non plus que notre marché intérieur serait singulièrement appauvri lui-même par la détresse de l'agriculture. Le travail supprimé dans la plupart de nos usines, de nos fermes et de nos exploitations rurales, par quoi le remplacerait-on ?

La protection douanière.

Reste la protection douanière. Que ce système ait aussi de graves inconvénients, nul ne le conteste. Les travailleurs, les patrons, les capitalistes subissent une certaine augmentation de dépenses quotidiennes, et s'imposent un surcroît d'efforts musculaires ou cérébraux pour soutenir la lutte économique, intestine ou extérieure. Ils vivront tous moins facilement, mais ils vivront, et la France avec eux en attendant des jours meilleurs.

Dans le dilemme qui nous enserre, si cela n'avait pas trop l'apparence d'un jeu de mots ou d'un paradoxe pessimiste, on pourrait dire, en poussant les choses à l'extrême, que le pays vivra de privations nourricières du travail sous l'égide de la protection, et qu'il mourrait de surabondance destructive de tout travail sous l'influence du laisser-passer libre-échangiste. Puisque l'infériorité de notre situation économique est provisoirement inévitable et ne nous laisse que le choix entre deux maux, sachons nous résigner au moins grave des deux, que la majorité a eu le bon sens de choisir. La protection n'est pas mortelle. Déjà, dans le passé, elle nous a rendu de grands services ; elle nous en rendra encore.

De 1815 à 1860, sous un régime protecteur parfois excessif, la France, épuisée par de longues guerres, a pu se relever rapidement, progresser et s'enrichir d'une façon constante. Quand la vapeur transforma le domaine manufacturier, au début du siècle, c'est la protection qui permit à notre industrie de ne pas être irrémédiablement écrasée par la concurrence britannique. Après 1860, le capital antérieur des forces accumulées, la vitesse acquise, l'impulsion donnée aux affaires par l'achèvement des voies ferrées et de notre flotte commerciale à vapeur contribuèrent plus à la prospérité du pays que le système à demi libre-échangiste et boiteux des traités de commerce, atténués d'ailleurs par la distance quant aux intérêts agricoles. Naguère, à la faveur des lois de douane, nous exportions en Angleterre pour 518 millions d'objets fabriqués contre 255 millions seulement d'importations anglaises correspondantes[1]. Et les droits actuels sur les céréales, ainsi que sur

1. Chiffres de 1891.

les autres denrées alimentaires, atténuent les souffrances de notre agriculture, sans faire hausser le prix de l'existence d'une façon trop sensible.

N'est-il pas également avéré qu'aux États-Unis, sous le régime d'une protection pourtant exagérée, le progrès industriel a pris le plus merveilleux essor, et que la main-d'œuvre en bénéficie dans une très large mesure? Les Américains ont conquis le premier rang dans les industries houillère et métallurgique, dont la production est presque le double de ce qu'elle était il y a une dizaine d'années. Rien qu'à New-York, le nombre des industries exploitées augmentait presque de moitié pendant la période décennale de 1880 à 1890; le nombre des manufactures était plus que doublé. Le capital engagé, grandissant dans les mêmes proportions, dépassait deux milliards de notre monnaie, sur lesquels plus d'un milliard était prélevé par les ouvriers. Enfin, point essentiel, l'accroissement du salaire moyen s'élevait à onze cents francs[1]. Il n'est pas soutenable que la protection américaine, même excessive, vienne grever aujourd'hui de onze cents francs par tête les frais annuels de la vie ouvrière.

Les libre-échangistes se posent volontiers en avocats des consommateurs, dont l'avantage, comme tels, est d'acheter au meilleur marché possible. Mais où rencontrer des consommateurs qui ne soient pas en même temps producteurs à divers titres, sauf parmi les riches oisifs et les intermédiaires inutiles? Quant au commerce qui, loyalement pratiqué, rend un service social de premier ordre, quoique ne produisant pas par lui-même, il sait généralement trouver de larges compensations. Si les producteurs sont raisonnablement protégés, presque tous les consommateurs

---

1. D'après les relevés du *Bradstreet*, cités par l'*Économiste français* du 26 novembre 1892. Les industries exploitées s'élevaient de 200 à 292; les établissements industriels, de 11 339 à 25 399. Le nombre des ouvriers utilisés passait de 227 352 à 351 757 et les salaires touchés par eux montaient de 485 millions à 1 142 millions de francs en chiffres ronds.

intéressants le sont *ipso facto*, avec des réciprocités équitables et à peu près équivalentes de métier à métier. Voudrait-on nous attendrir sur le sort des intermédiaires superflus, véritables parasites, vivant largement aux dépens du capital et du travail, du producteur et du consommateur[1]? Que ne s'efforce-t-on plutôt d'en réduire le nombre? Ce sont les facteurs essentiels de la production dont les intérêts doivent entrer d'abord en ligne de compte.

Aux libre-échangistes qui exagèrent l'importance du faible renchérissement de la vie résultant chez nous d'une protection modérée, les consommateurs de tout ordre donnent, par le fait, une réponse péremptoire. En dépit du surcroît notable des frais d'existence dans les vastes agglomérations urbaines, les travail-

---

1. Nous en avons aujourd'hui un frappant exemple dans le maintien des hauts prix de la viande, malgré l'avilissement désastreux de la valeur vénale du bétail sur pied, dont les éleveurs sont forcés de se défaire à n'importe quelles conditions, par suite de la sécheresse.

leurs manuels et intellectuels accourent en foule dans les villes à grandes dépenses, mais à gros salaires. De même, les treize cent mille étrangers qui résident en France ne viennent-ils pas y chercher des salaires plus élevés que chez eux? Pour les uns et les autres, le taux élevé de la rémunération du travail est la question capitale qui prime tout le reste.

La protection douanière constitue une sorte de syndicat, ou de société de secours mutuels et d'assurances, par laquelle les consommateurs et les producteurs, qui se confondent d'ordinaire, se garantissent les uns aux autres, moyennant des sacrifices réciproques, un égal appui contre l'envahissement du marché intérieur par la production du dehors. Nous acceptons la concurrence extérieure comme stimulant utile, non comme étranglement de notre production indigène. Chacun de nous consent donc à ce que les produits français lui coûtent un peu plus qu'il n'eût payé les produits étrangers similaires, afin d'empêcher

l'arrêt ou l'avilissement du travail national.
Les inconvénients du système protecteur
trouvent là une compensation précieuse. Au
contraire, comme on l'a dit depuis longtemps,
si les salaires doivent baisser, par suite du
libre-échange, la vie à bon marché est trop
chère.

Les pays prospères importent-ils plus qu'ils n'exportent ?

Il semble impossible, même dans un aperçu
rapide et forcément incomplet, de résumer
la querelle des tarifs sans parler des opérations de l'échange international où les protectionnistes et les partisans du *free trade* cher-
chent tour à tour des arguments en faveur de
leur thèse respective. La bonne foi de personne
ne saurait être soupçonnée. Mais tant d'assertions étranges et contradictoires se sont pro-
duites de part et d'autre, qu'un peu plus de
lumière ne serait pas superflu. Chacun sou-

haiterait avec nous qu'une plume experte remît de l'ordre dans cette confusion, et consentît à élucider le sujet par une glose simple et familière qui le rendît intelligible à tous. En attendant, sera-t-il permis de signaler quelques-uns des points qui paraissent appeler d'urgence des explications?

Doit-on poser en principe que tout pays s'enrichit en important plus qu'il n'exporte? La question est nette et précise. La réponse reste forcément compliquée et obscure. Compliquée, puisqu'il faut commencer par répondre : cela dépend. Obscure, puisque dans les États civilisés les comptes de douane manquent nécessairement d'exactitude, et que les peuples à demi barbares ou sauvages, avec lesquels on trafique, ne tiennent aucune comptabilité.

Quand le protectionniste prétend que l'excédent de l'importation sur l'exportation est toujours ruineux, il se trompe. Quand le libre-échangiste allègue que cet excédent est tou-

jours un signe et un gage certains de richesse,
il ne se trompe pas moins. Ou bien, si l'on
veut, chacun a raison d'après son point de
vue en tel cas spécial ; mais des deux côtés
aussi toute affirmation générale est erronée.
Les importations, considérées en bloc, ne
prouvent pas grand'chose. Car selon leur nature, selon les circonstances et les conditions
du marché, les unes sont lucratives, d'autres
sont onéreuses, d'autres enfin s'effectuent à
égalité d'échange. Lesquelles prédominent
dans nos transactions avec l'étranger, voilà ce
qu'il serait indispensable de déterminer d'a-
bord pour pouvoir dire si la France y devra
perdre ou gagner. Et la distinction ne paraît pas
facile à établir. Par une sorte de contradiction
inhérente au sujet, les raisonnements d'ensemble, appuyés uniquement sur les statistiques
douanières, très sujettes à caution, ne méritent qu'une confiance restreinte, et pourtant
ces mêmes statistiques fournissent à peu près
seules les éléments de la discussion.

Importations lucratives et importations onéreuses : lacunes et erreurs des statistiques douanières.

Commençons par rassurer les protectionnistes patriotes qui lèvent les bras au ciel et poussent des cris de détresse lorsqu'ils croient constater un excédent des importations sur les exportations de leur pays. D'abord, vu l'insuffisance inévitable des relevés de la douane, cet excédent, qui trouble si fort certains esprits, pourrait bien n'être qu'apparent. Ensuite, fût-il réel, nous n'aurions pas lieu de nous alarmer *a priori*, sans examen sérieux.

Un peuple dont les importations, tous comptes faits, surpassent en valeur les exportations qui les soldent, reçoit plus qu'il n'a donné en échange, et réalise de ce chef un évident bénéfice. L'excédent de ses importations l'enrichit alors, loin de l'appauvrir.

Supposons un exemple aussi frappant qu'invraisemblable. L'idéal, en ce genre d'opération, serait d'exporter un œuf de quatre sous, et d'importer, troc pour troc, un bœuf qui vaudrait cinq cents francs. Le profit manifeste de l'importateur égalerait cinq cents francs moins quatre sous.

Comment l'affaire en question se présenterait-elle sur les registres de la douane? Exportation : 4 sous. Importation : 500 francs. C'est-à-dire que, suivant les apparences, le pays importateur aurait payé cinq cents francs à l'étranger pour ne toucher que quatre sous en échange. Ce pays semblerait donc avoir perdu la différence entre les deux sommes, soit précisément ce qu'il a gagné [1].

1. Il est bon de remarquer ici que, sauf pour les produits destinés à être réexportés après transformation plus ou moins complète, le bénéfice en argent de l'importateur national est prélevé sur le stock monétaire de son propre pays, où son opération fructueuse n'introduit aucun capital métallique nouveau. Tandis que les exportations lucratives, soldées finalement par un appoint en espèces sonnantes ou en titres, accroissent aux frais de l'étranger le stock mé-

Quittons le domaine de l'hyperbole et parlons affaires. Voici un genre de trafic, pratiqué naguère régulièrement, par lequel les Anglais avaient trouvé moyen d'échanger une substance de peu de valeur et notoirement nuisible, contre un produit éminemment utile et sain. Pendant longtemps ils soldaient la plus grande partie de leurs importations de thé chinois par l'exportation en Chine de l'opium, cultivé aux Indes exprès pour le Céleste-Empire, dont ils empoisonnaient la population à leur énorme avantage. C'est comme si l'Angleterre exportait l'ivrognerie et la phtisie pour importer de l'élixir de santé, sans compter les gains pécuniaires. Cette fa-

tallique et le capital circulant du pays exportateur. « La situation monétaire d'un pays peut être fort menacée quand il importe des produits étrangers pour un montant plus élevé que celui de ses exportations... L'argent sera cher et rare dans les pays qui doivent beaucoup à l'étranger, et abondant dans les pays qui ont fait des exportations considérables. » *Théorie des changes étrangers*, par G.-J. Goschen, chancelier de l'Échiquier; traduction par M. Léon Say, membre de l'Institut, ancien ministre des finances, pp. 73 et 203.

çon de s'enrichir doublement au préjudice
d'autrui est une des formes les plus curieuses
de l'ingéniosité commerciale britannique[1].

Quoique l'opération fût excellente, elle pa-
raissait onéreuse d'après les tableaux de
douane. L'opium, expédié directement des
Indes en Chine, n'était pas inscrit au chapitre
des exportations de la Grande-Bretagne comme
contre-partie de l'acquisition des thés chinois, lesquels figuraient intégralement au
chapitre de l'importation anglaise, dont ils
grossissaient singulièrement le chiffre. Par
suite, la balance du commerce semblait pencher fortement en faveur de l'étranger et au
détriment des intérêts de l'Angleterre. Ici
encore, les apparences ne répondaient pas aux
réalités. Car c'était bien pour le compte des
Anglais et de leurs capitaux que se faisaient
aux Indes la culture de l'opium et son expor-

---

1. Aujourd'hui, les Chinois trouvent plus économique de
s'empoisonner eux-mêmes et récoltent en grande partie
l'opium chez eux; les Anglais cultivent le thé à Ceylan.

tation, non mentionnée par la douane britannique. Faute de la mention d'un des termes essentiels du calcul, comment comparer les deux opérations de l'échange international à l'aide des seules ressources de la comptabilité douanière? Comment surtout dresser le bilan des gains et des pertes?

Un frappant exemple de ces transactions intermédiaires compliquées, dont les profits définitifs échappent à la douane, est le trafic triangulaire (*three cornered*) que les commerçants de la Grande-Bretagne ont établi régulièrement avec le Nouveau-Monde. Le navire anglais, chargé d'objets manufacturés aux îles britanniques, part de Liverpool pour Rio-Janeiro. Il y échange sa cargaison contre du café, des bois de teinture, etc., qu'il transporte, après escale aux Antilles, et vend aux États-Unis, où ces produits brésiliens ne paient pas de droits d'entrée excessifs. Là enfin, le navire prend un chargement de blé ou de coton, qu'il revient vendre à Liverpool,

et ainsi de suite, toujours dans le même sens
du parcours. Par ce système d'exportations
habilement échelonnées, l'Angleterre trouve
moyen de solder avantageusement les importations indispensables à la nourriture de ses
habitants, comme à l'entretien de son industrie. Sans le détour du Brésil, l'affaire deviendrait ruineuse. Il faudrait se procurer les
blés du Far-West et le coton par l'échange
direct des produits britanniques, frappés aux
États-Unis de droits très élevés.

Supposons maintenant que ce même trafic
triangulaire soit exercé par des commerçants
des États-Unis sous leur pavillon national.
Le navire américain, chargé de blé ou de
coton, partirait de New-York pour Liverpool.
De là, il transporterait des produits anglais
au Brésil, où il prendrait une cargaison pour
New-York. Le mouvement des exportations
et des importations de part et d'autre serait
le même que dans le cas précédent; les tableaux des douanes américaine et anglaise

resteraient donc identiques. Et pourtant, le résultat final serait absolument contraire. Dans le premier exemple, réel, les bénéfices de l'opération sont pour l'Angleterre, qui les doit principalement à la supériorité incontestable de son matériel naval et au monopole des transports maritimes. Dans le deuxième exemple, supposé, les bénéfices seraient pour les États-Unis. Ces distinctions importantes ne sauraient figurer au tableau des douanes.

Le commerce opère-t-il de la façon la plus simple, sur des marchandises venues directement des pays d'origine, les statistiques douanières, mal interprétées, peuvent encore donner lieu à de graves erreurs. Un petit couteau de Sheffield, valant un shelling ou vingt-cinq sous, a été troqué sur les côtes d'Afrique contre un lot d'indigo d'une livre sterling ou de vingt-cinq francs importé en Angleterre. Importation : 25 francs. Exportation : 25 sous. En résulte-t-il que la Grande-Bretagne, important ainsi pour vingt fois plus qu'elle n'exporte, soit en perte et se trouve débitrice de 23 fr. 75 envers l'étranger? Rien de moins exact, puisque c'est au contraire le couteau de vingt-cinq sous qui a soldé intégralement l'indigo de vingt-cinq francs. Aussi les conclusions appuyées sur la balance du commerce, telle que la présentent les comptes de douane, pèchent-elles complètement par la base.

Est-ce à dire que tout soit erreur dans cette antique doctrine, trop vénérée jadis? Les économistes semblent admettre que, si les rapports habituels entre les deux opérations essentielles de l'échange viennent à être troublés soudain par un excédent d'importation de céréales devenu nécessaire pour suppléer à l'insuffisance d'une mauvaise récolte, cet excédent ne saurait être regardé comme un accroissement de richesse. Ce qui reste hors de doute et admis par tous, c'est que les données servant à établir la prétendue balance sont forcément incomplètes et inexactes. Pour obtenir des éléments de certitude relative sur le bilan de l'échange international, il faudrait en effet connaître le détail, les ramifications et les répercussions innombrables de toutes les transactions commerciales du globe, dont les unes sont lucratives, d'autres se compensent approximativement, d'autres enfin se trouvent onéreuses à divers degrés. Pourquoi demander ces notions multiples à la douane qui les ignore et qui n'a pas mission de les dégager?

La comptabilité douanière, dont les procédés et les lacunes se ressemblent fort chez les diverses nations civilisées, n'en fournit pas moins des renseignements précieux, servant à établir d'une année sur l'autre ce que l'on appelle dans les rapports, tableaux et statistiques la balance du commerce. Les écrivains les plus libre-échangistes emploient couramment cette locution, dans un sens aujourd'hui modifié, pour indiquer le mouvement, les bénéfices et la situation des affaires internationales. Seulement, à cause des erreurs reconnues et inévitables, il ne saurait être permis d'étayer des raisonnements fondamentaux sur ces données d'ailleurs utiles.

Les mêmes remarques s'appliquent également à la sortie des métaux précieux et de la monnaie. Les statistiques consignent simplement le fait; elles n'en constatent pas les causes, ni surtout les résultats, qui seront profitables ou non, suivant les circonstances. Par exemple, dans une année de disette, la France ayant besoin d'acheter des céréales exporte trois cents millions d'or, faute de pouvoir avant longtemps faire la contre-partie en exportations de produits français. Il y a perte ou gêne momentanée pour nous, atténuée d'ailleurs plus ou moins par les bénéfices de nos placements au dehors. La balance commerciale nous est défavorable d'après les indications douanières; elle l'est aussi en réalité.

D'autre part, au cours d'une année prospère, la France exporte trois cents millions de son épargne pour participer à des emprunts publics

de tout repos, ou pour commanditer à l'étranger de vastes et fructueuses entreprises.
Cette fois, l'emploi extérieur de nos capitaux
devient pour nous une source de revenus ulté-
rieurs et de richesse incontestable. Pourtant
la balance du commerce semble être à notre
désavantage dans le deuxième cas comme dans
le premier, puisque la douane a enregistré la
sortie d'une même quantité d'espèces métalliques. Les six cents millions d'or français
exportés à Suez nous ont déjà valu, dit-on,
l'importation d'un milliard deux cent cinquante millions en intérêts. L'exportation de
nos capitaux à Panama est une opération dé-
sastreuse. La douane n'en fait pas la différence et ne peut la faire. Elle est innocente
des arguments téméraires ou spécieux que
l'on prétend tirer de ses tableaux.

Par malheur, les tableaux mêmes sont défectueux. Il ne s'agit pas ici des inexactitudes
de détail ou accidentelles, nécessairement inévitables dans une comptabilité aussi vaste.

Certaines lacunes méritent à peine d'être signalées au passage, bien que le montant total
des omissions puisse atteindre un chiffre res-
pectable. Chacun sait que nombre d'affaires
commerciales échappent pour un temps aux
investigations douanières. Naguère encore,
les ingénieux Normands, qui envoient en Angleterre une quantité considérable de pommes,
les expédiaient dans des cercueils en guise de
caisses. Ce mobilier funéraire, d'un prix mar-
chand très appréciable, ne figurait pas sur les
registres douaniers : c'était l'emballage. En
revanche, ne faisait-on pas entrer jadis le
poids des caisses servant à emballer les soieries, tulles, dentelles, etc., dans le poids total
des marchandises expédiées? Ces flagrantes
erreurs ont été corrigées depuis. Les vrais mécomptes proviennent d'erreurs habituelles et
constantes, qui tiennent à la nature des choses,
de sorte que toutes les statistiques se trouvent
viciées forcément et dans une assez large mesure.

Au point de débarquement, les produits importés sont toujours cotés en hausse. Leur prix de revient primitif s'est notablement accru des frais de transport et d'assurances, ainsi que du bénéfice des fabricants et des intermédiaires. Le fisc, qui prélève des droits d'entrée *ad valorem*, se préoccupe d'établir les valeurs réelles et cherche plutôt à les majorer. D'ailleurs, le cours du marché dans le pays d'arrivée fournit un procédé pratique d'évaluation positive.

Au point de départ, l'objet d'exportation est coté en baisse. L'exportateur le déclare au-dessous du prix de revient, afin de payer moins de taxes à l'étranger. La douane indigène, n'ayant rien à percevoir, accepte les déclarations trop faibles, qui ne pourraient être contrôlées que par une enquête en fabrique, quasi-impossible. Puis elle ignore le plus souvent ce que valent ou vaudront dans telle contrée du monde les marchandises qui sortent du territoire. On assure que les dissimulations de valeur des exportations s'élèvent parfois à 50

ou 100 p. 100 et au delà. C'est même la ré-
pression de cet abus que visaient aux États-
Unis les sévérités douanières draconiennes du
bill Mac Kinley, appelées à disparaître bientôt,
s'il en faut croire les promesses du parti dé-
mocrate récemment arrivé au pouvoir.

Un statisticien d'autorité reconnue, M. Neu-
mann-Spallart, a démontré, d'après les
chiffres officiels, que les importations addi-
tionnées de tous les peuples civilisés du
globe dépassent de beaucoup leurs exportations réunies. Le mystère s'explique : il n'y a
pas de commune mesure entre les importations et les exportations estimées soi-disant *ad
valorem* en argent. Pour chacun des deux
objets comparés, l'estimation est très différente et faite par des agents différents, qui
défendent des intérêts contraires. La balance
fût-elle juste, les poids ou criteriums sont en
quelque sorte faux par définition, et variables
d'un pays à l'autre[1].

1. Pour ajouter à la confusion dans les esprits de ceux

Pour rétablir l'équilibre entre l'exportation et l'importation universelles, il suffirait de majorer du chiffre moyen des dissimulations imputables aux producteurs, soit de 10 à 15 p. 100 par exemple sur les estimations, la valeur des produits exportés, telle qu'elle figure aux tableaux de douane. On verrait alors avec évidence que les exportations totales égalent les

qui ne sont pas familiarisés avec les singuliers mirages des formules statistiques, commerciales et économiques, on se contente souvent d'additionner les valeurs en argent des importations et des exportations respectives de chaque pays, soit, par exemple, pour la France 4 milliards et demi d'importations et 3 milliards et demi d'exportations en chiffres ronds, total : 8 milliards d'affaires. Le public inattentif est trompé par un double emploi apparent. Supposons, pour plus de clarté, que les échanges se fassent entre deux peuples seulement, et se compensent à peu près. Les exportations servant, sauf appoint monétaire, à solder troc pour troc les importations, et réciproquement, il ne saurait exister dans chacun des deux pays, avant comme après l'échange, que 4 milliards de produits environ. Pourquoi inscrire 8 milliards à l'actif de chacun d'eux? Cette méthode, admissible en théorie, n'est pas sans inconvénients lorsqu'il s'agit de taxes spéciales ou de revendications socialistes. Elle semble présenter, en effet, des montagnes de richesses fictives, devant lesquelles les ouvriers ne sauraient humainement résister à la tentation de trouver leur part trop exiguë.

importations dans le monde entier, quoiqu'il n'en soit pas ainsi entre les nations respectives.

Corrigées de leurs erreurs inévitables, les statistiques douanières nous réserveraient-elles quelque piquante surprise, celle entre autres de découvrir que les nations riches et avancées exportent en fait plus qu'elles n'importent? Sans aller jusque-là, on arriverait peut-être à un nouveau *distinguo*, établissant que les grandes puissances commerciales, l'Angleterre d'abord et la France, importent plus en compte-matières, c'est-à-dire plus de produits soldés en nature par d'autres marchandises, et exportent plus en compte-argent, c'est-à-dire plus de produits payés avec appoint monétaire, ce qui contribuerait à expliquer l'accumulation progressive des capitaux britanniques et des capitaux français aussi. En tout cas, les peuples florissants n'ont pas à s'inquiéter d'un excédent général de leurs importations qui pourrait bien exister surtout dans les statistiques, et qui est certainement beaucoup moins fort en réalité que sur le papier.

Au fond, le succès dépend de la nature et des conditions de l'échange, qu'il faut réussir à rendre lucratif sous ses deux formes principales, étroitement solidaires. Si l'importation fructueuse constitue le dernier terme de l'échange international et en résume les bénéfices, l'exportation habile en est la contrepartie et le moyen. Un point essentiel est de solder les objets importés de valeur supérieure avec des exportations de valeur moindre, sorte de contrats léonins dont les pays les plus riches et les mieux outillés savent tirer de beaux profits.

L'équivalence se rencontre-t-elle toujours dans l'échange de produits contre produits?

Libre-échange ou plutôt libre-commerce, *free trade*, ne signifie donc nullement égal

échange, comme semblerait le laisser entendre la maxime économique universellement
admise : les produits s'échangent contre des
produits. Certains libre-échangistes abusent
de cette formule incomplète, qui paraît impli-
quer l'équivalence entre les échanges inter-
nationaux. A les en croire, l'application de
leurs doctrines ne saurait présenter aucun
péril, puisque l'équilibre finit toujours par
s'établir de soi-même entre l'importation et
l'exportation, entre l'achat et la vente.

Assurément les produits s'échangent contre
des produits, mais de valeur intrinsèque et d'u-
tilité fort inégales dans beaucoup de cas. Ils
s'échangent aussi contre des services et avec
appoint final d'argent, ce qui n'est pas l'équivalence.

On objectera que le vendeur et l'acheteur
gagnent tous les deux à l'échange. Sans doute ;
car si l'un des deux y perdait ou pensait y
perdre, il s'abstiendrait. Partant, plus d'é-
change, puisque pour échanger il faut être

deux à le vouloir. Mais résulte-t-il de là que l'échange conclu soit toujours de part et d'autre utile et profitable au même degré? Sans confondre l'échange entre particuliers avec l'échange international, ne devons-nous pas tenir compte de la différence entre la valeur réelle d'un objet sur le marché général du monde, et le prix que l'acheteur consent à y mettre sous la pression des événements ou de circonstances locales déterminées?

S'agit-il d'acquérir des denrées dont le besoin est immédiat et absolu, on les paie forcément, en troc ou en monnaie, le prix quelconque au-dessous duquel il serait impossible de les obtenir, et l'on ne considère pas si l'affaire est bonne ou mauvaise. L'un des échangistes peut d'ailleurs être exploité par l'autre. Plus souvent encore, il est dupe de lui-même, de ses passions et de ses goûts, autant que victime de son ignorance.

Parce que les Caraïbes du temps de Christophe Colomb ne savaient pas la valeur de l'or

et le donnaient pour presque rien, s'en suit-il
que l'or méconnu de ces sauvages n'ait pas eu
la haute valeur intrinsèque, qui lui était attribuée à cette époque dans le monde civilisé? Les
rois nègres d'aujourd'hui qui cèdent une dent
d'éléphant de cinq ou six cents francs contre
quelques bouteilles d'eau-de-vie à deux ou
trois francs l'une, qui livrent un quintal d'huile
de palme valant soixante francs, pour se procurer un vieux fusil de cent sous et des verrote-
ries ou des colifichets de clinquant, sans utilité
ni valeur aucune, ne réalisent-ils pas à notre
grand avantage le troc du bœuf contre l'œuf,
tout en échangeant produit contre produit?
Ces sortes de transactions, qui depuis des centaines d'années ont contribué fortement à enrichir l'Europe industrielle et commerciale,
deviennent de jour en jour moins faciles et
moins lucratives qu'autrefois pour les peuples
du vieux monde. Mais elles leur assurent encore de gros bénéfices.

« On appelle *traders*, écrivait le comte de

Hübner en 1886, des commerçants commandités par des maisons australiennes, anglaises ou allemandes qui leur cèdent, au prix double des marchés d'Europe, des canifs, des couteaux, des cotonnades, du tabac et d'autres objets recherchés par le sauvage, et aucun ne l'est plus que les armes à feu. Le *trader* qui exploite tel ou tel archipel les échange parfois avec un bénéfice de 700 à 800 p. 100 contre du copre et du coton. Il envoie ces produits à Apia, à Suva, à Levuka, à Tonga, là où est la maison qui l'a commandité, et qui se charge de l'exportation en Europe, le plus souvent en faisant des profits énormes [1]. » Ne citait-on pas récemment l'exemple d'un soi-disant général en retraite, qui revendait cent francs pièce aux Marocains des montres en zinc à trois francs la douzaine? Les marchés de dupe, conclus par les sauvages et les barbares, sont la contre-

---

1. *A travers l'empire britannique*, par M. le comtc de Hübner, ancien ministre et ancien ambassadeur d'Autriche à Paris, t. II, pp. 376-377.

partie disproportionnée des bénéfices européens.

Même entre États civilisés, il existe des
différences de force productive et d'habileté
commerciale. Ceux qui parviennent à prendre
l'avance gagnent sur les autres. Ainsi l'Angleterre, la France, la Belgique, la Suisse et
certaines contrées de l'Allemagne achètent les
cotons américains, les transforment en tissus
dont elles prélèvent ce qui est nécessaire à
leur propre usage, puis réexportent le reste
aux États-Unis mêmes et dans les divers pays
du globe. C'est par l'exportation de la matière
ouvrée qu'elles soldent en grande partie, non
seulement l'importation de la matière première, mais encore, et ceci s'applique à l'Angleterre plus spécialement, les blés et autres
denrées indispensables pour combler les défi-
cits des récoltes indigènes. Depuis quelque
temps les Américains se lassent d'une combi-
naison qui les rend tributaires de l'étranger.
Ils sauront bientôt s'en affranchir et fabrique-

ront eux-mêmes sur place, en quantités et en qualités suffisantes, les cotonnades et généralement les produits industriels que leur fournissait l'Europe, comme ils ont déjà réussi à le faire dans la grande industrie métallurgique. Alors sera tarie pour l'ancien monde une source abondante de bénéfices.

La France a été longtemps sans rivale et conserve encore la supériorité pour la fabrication et la vente de tout ce qui est fantaisie ou luxe, ainsi que des menus objets désignés sous la rubrique d'articles de Paris. Avec quelques fleurs artificielles, quelques coupons de dentelle et de tulle, nos habiles ouvrières exécutent en un tour de main ces coquets chapeaux dont l'élégance charme les étrangères. Un simple lambeau de soie sert à façonner prestement les cravates chatoyantes et les gilets séducteurs qui ravissent les habitants du Sud Amérique. Nombre de légers ouvrages, coûtant à peine quatre ou cinq francs de fourniture, sont vendus cinquante et cent

francs. Ce n'est, à vrai dire, que de la dexté-
rité, du goût, du travail rapide et supérieur
exportés avec un profit surprenant. De même,
à divers degrés, les soieries de Lyon, l'ameu-
blement, les œuvres d'art.

Comme contre-partie, sans parler du numé
raire, nous importons des laines, du coton, des
métaux, des bois, des denrées alimentaires de
toute espèce. L'opération commerciale est excellente. Des produits de luxe et de fantaisie,
qui d'après leur nature peuvent être cotés très
haut, s'échangent contre des matières premières de nécessité essentielle dont les cours,
connus partout, ne sauraient guère être sur-
faits. Le ballot de coton américain, acheté de
cinquante à soixante francs au Havre, se
trouve soldé par le chapeau français vendu
cinquante ou soixante francs aux dames de
New-York, mais dont le prix de revient ne dépassait pas six ou sept francs à Paris. Dans
l'échange des produits agricoles, une bouteille
·de Château-Yquem à vingt francs, exportée

en Russie, suffit à payer l'importation chez
nous d'un quintal et demi de blé d'Odessa,
estimé même somme. Les prix sont identiques ; la valeur en usage est très différente.
La bouteille de vin, quelle que soit sa qualité,
constitue le breuvage d'un seul jour. Le sac
de blé fournit une ration alimentaire quoti-
dienne pendant quatre mois. D'où bénéfices
manifestes tantôt en compte-argent, tantôt en
compte-matières. La France a toujours su largement profiter de ses aptitudes spéciales ainsi
que de sa situation privilégiée sous ce rapport.

Et la Hollande, d'où avait-elle tiré la masse
énorme de capitaux qui pendant un siècle ou
deux lui assurèrent le monopole financier en
Europe, si ce n'est surtout du transport des
produits et de leur échange commercial favorable consistant à acheter bon marché, à
vendre cher ou beaucoup, et à capitaliser ses
bénéfices pour les utiliser dans de fructueuses
entreprises ou par des prêts lucratifs? Sa su-

prématie sur mer garantissait d'ailleurs la prépondérance de son commerce.

L'Angleterre, **qui l'a supplantée et qui oc**cupe aujourd'hui le premier rang comme puissance capitaliste, commerçante, coloniale et maritime, est tenue de s'y maintenir sous peine d'effacement, depuis que la défaillance de son agriculture la met à la merci de l'étranger pour sa subsistance. Incapable de pourvoir par elle-même à la nourriture de ses habitants et aux besoins de son industrie, elle se voit obligée de vendre au dehors les cinq sixièmes de sa production industrielle poussée à outrance, afin d'obtenir en retour les deux tiers ou les trois quarts de son pain quotidien et les matières indispensables à ses manufactures, sauf le fer et le charbon. C'est à la fois sa faiblesse et sa force; il lui faut être la première dans le genre, ou ne pas être. Elle réussit à gagner beaucoup et sur ses propres transactions, et sur le trafic international du monde entier, qui se fait en majeure partie sous pavillon britannique. Tous les peuples, civilisés ou non, se trouvent donc directement ou indirectement ses tributaires à différents titres.

Les Américains, notamment, d'après leurs évaluations mêmes, paient aux armateurs étrangers et surtout aux anglais, cinq ou six cents millions de francs par année en moyenne, rien que pour le transport des marchandises, des passagers et de la poste. Ainsi s'explique, en partie du moins, comment aux États-Unis les sorties de l'or peuvent être supérieures aux entrées pour une somme annuelle dépassant un demi-milliard de francs, tandis que l'excédent des exportations américaines devrait produire un résultat opposé. Il y a d'ailleurs diverses raisons à ce phénomène économique. Car l'esprit n'admet plus de causes premières isolées exerçant une influence exclusive. Les sorties de l'or représentent aussi les intérêts et les bénéfices des capitaux européens engagés dans les affaires colossales des États-Unis[1]. C'est toujours une sorte de prime 'en faveur de la suprématie capitaliste.

Au contraire, comme on l'a remarqué déjà, la France a pu solder ses grosses importations de céréales après de mauvaises récoltes, sans entamer son encaisse métallique, et cela simplement au moyen des revenus de ses placements étrangers qui sont estimés à quinze milliards, rapportant huit cents millions environ. En 1879 et 1891, années spécialement désastreuses, où nous étions acheteurs de blé pour plusieurs centaines de millions, la circulation des espèces ne diminua pas dans notre pays, le taux de l'escompte se maintint au niveau normal, et la crise financière qui

1. Notons enfin cette cause accidentelle : les Américains s'empressent actuellement d'envoyer leur or à l'étranger par crainte d'une crise monétaire résultant du Sherman-bill, qui impose au gouvernement des États-Unis certaines obligations équivalant en fait à la frappe constante d'une monnaie d'argent notablement inférieure à sa valeur nominale. La récente suppression de la frappe de l'argent aux Indes ne peut qu'aggraver la crise prévue.

5

sévissait sur toute l'Europe ne fit guère que nous effleurer.

Il peut donc y avoir inégalité non seulement dans l'échange même entre nations prospères, mais encore dans les conditions diverses qui leur permettent de supporter avec plus ou moins d'aisance, grâce à quelque supériorité acquise, les inconvénients d'un échange commercialement défavorable. Les Anglais sont supérieurement préparés pour recueillir les meilleurs profits directs ou indirects des transactions internationales. Voilà de quelle façon ils entendent et pratiquent le *free trade*, loin d'y attacher, comme on le fait d'ordinaire chez nous, l'idée absolue d'une égale et parfaite réciprocité.

Naturellement, selon les circonstances, la réciprocité existe, au moins approximative. Lorsque, par exemple, des peuples de civilisation et d'industrie à peu près semblables échangent entre eux leurs produits d'utilité primordiale, l'équivalence paraît presque complète, et les bénéfices respectifs sont légers. Le service mutuel n'en reste pas moins précieux, puisque ce trafic satisfait à des besoins économiques d'ordre essentiel. Mais les bons coups de commerce ne se font pas là.

Quant aux États civilisés de l'Europe ou du monde dont la puissance industrielle n'arrive qu'au troisième ou quatrième rang, on ne saurait s'étonner de leur situation précaire. La plupart des importations deviennent onéreuses pour eux, bien que fort utiles assurément s'ils réussissent à se procurer ainsi les objets multiples et les instruments compliqués qui sont indispensables à la vie moderne. Leur infériorité relative les contraint de solder l'étranger soit en nature, par l'exportation à bas prix des matières brutes qu'ils ne peuvent ou ne savent pas transformer eux-mêmes, soit en capitaux, au moyen des ressources et des profits du trafic intérieur. Ils doivent donc sacrifier leur épargne dans une assez large mesure, au lieu de s'enrichir en l'accumulant.

. Certains procédés perfectionnés (*Clearing houses*, etc.), qui servent à régler par de simples virements l'échange des produits, semblent un argument en faveur de leur équivalence. Mais, si la compensation finit par s'établir sur le tableau d'ensemble de l'échange universel, il peut y avoir et il y a le plus souvent, entre deux nations prises à part, une différence de situation commerciale, qui se solde d'une façon quelconque par un appoint en monnaie; d'où la distinction entre les peuples créanciers et les peuples débiteurs. Sans ces bénéfices et ces déboursés monétaires, comment expliquer l'abondance de l'or dans les pays riches dont le sol n'en contient pas, et la rareté ou parfois l'absence de l'or dans les pays aurifères?

Des villes dépourvues de territoire et ne produisant pas elles-mêmes, telles que Gênes, Venise, Hambourg, n'avaient-elles pas amassé un stock métallique considérable en prélevant des profits pécuniaires de seconde main sur

l'échange des produits d'autrui? Nous savons
bien qu'elles réalisaient aussi des gains très
notables sur les transports, les affaires de
banque et les prêts à l'étranger. Mais le capital initial, leur permettant de se livrer à ces
opérations lucratives et d'en tirer des capitaux nouveaux, ne dérivait-il pas du bénéfice
monétaire qui résulte de l'échange des produits et que les plus forts et les plus habiles
trouvent moyen de s'approprier ?

Actuellement la France est, de toutes les
contrées du globe, celle qui absorbe et pos-
sède, d'une manière ou de l'autre, la plus
grande quantité proportionnelle d'espèces d'or
et d'argent. Sous certaines réserves, ce n'est
assurément ni un désavantage ni un mauvais
symptôme. Les espèces métalliques ne sont
pas la principale et la vraie richesse des peuples. Elles contribuent à la former et à l'ac-
croître par des capitalisations fécondes et des
emplois variés. Sans essayer d'approfondir ce
qui pourrait s'appeler le mystère monétaire,

ne serait-on pas fondé à dire que, sous plusieurs aspects, la monnaie est à la richesse, comme la parole est à la pensée? De même qu'un nombre limité de mots sert à formuler et à transmettre les pensées innombrables et diverses des hommes, de même une quantité restreinte de numéraire est la représentation, le condensateur et le véhicule de la masse énorme des richesses anciennes et nouvelles du monde entier. Notons seulement ici que cette monnaie précieuse semble être, pour une bonne part, l'appoint du solde des exportations[1]. Ainsi la Nouvelle-Galles-du-Sud en Australie ne put réussir à posséder ou à conserver un stock métallique de quelque importance pendant toute là période où la colonie n'exportait pas. De

---

1. Il faut entendre ici naturellement l'exportation sous toutes ses formes, telles que la réexportation et aussi cette exportation spéciale, qu'on pourrait qualifier d'inconsciente ou d'occulte : lorsque, par exemple, au lieu d'aller échanger nos produits à l'extérieur, nous les vendons sur place aux étrangers venant les acheter ou les consommer chez nous et les payant avec l'argent qu'ils apportent de leur pays et nous laissent définitivement.

même l'Italie « n'exportant presque plus depuis
que nous avons fermé nos frontières à ses vins,
ne peut pas se procurer de monnaie d'or ».

Ce terme de bénéfices monétaires paraîtra
peu scientifique à propos de l'échange international, dont le roulement indéfini s'effectue
sans arrêt ni liquidation d'aucune sorte. Les
différences entre peuples respectifs, qui se rè-
glent à un moment quelconque en faveur des
uns ou des autres, sont soldées en papier autant que possible, chacun le sait. Les espèces
sonnantes n'interviennent qu'à titre d'appoint
dans ces opérations complexes. Mais, pour
simplifier le sujet, nous ne mentionnons que
l'argent, sans attacher d'ailleurs à ce mot un
sens exclusif. Comment représenter autrement
les combinaisons plus ou moins lucratives des
échanges au grand nombre des lecteurs, habi-
tués à entendre évaluer et exprimer les phé-
nomènes de la richesse sous sa forme la plus
usuelle et la plus palpable?

Dès qu'il y a d'un côté profit supérieur et

accroissement de capital, on est en droit d'admettre qu'il n'y a pas nécessairement égalité dans les échanges commerciaux de nation à nation, quelle que puisse être l'équivalence globale dans les transactions du monde entier. La formule économique « les produits s'échangent contre les produits » ne saurait donc être invoquée comme un argument décisif contre la protection et en faveur des doctrines libre-échangistes.

Le travail s'échange contre le travail, sans qu'il y ait équivalence dans l'échange.

Au point de vue du travail manuel, comment se présente la question de l'échange international? Selon les aptitudes et le degré d'avancement des peuples, il faudra au sauvage, au barbare, au demi-civilisé un an, six mois ou trois mois de labeur, soit pour fabriquer ou récolter un produit échangeable, soit pour gagner l'argent nécessaire au paiement du produit désiré que l'artisan anglais, français, belge, ou allemand aura obtenu en un jour ou en quelques heures avec le secours des formidables et délicates machines créées par l'association de la main-d'œuvre, du capital et de la science dans nos industries supérieurement organisées. L'ouvrier malhabile et dépourvu de ces puissants auxiliaires devra donc en réalité échanger un an ou six mois de son travail contre une journée ou même quelques heures de travail d'un ouvrier plus expert et mieux outillé. L'avantage et les profits manifestes seront pour celui qui produit plus avec moins d'efforts.

Dans tout échange il y a satisfaction réciproque; non sans quelques différences, on en conviendra. L'ouvrier et le fabricant anglais sourient avec une douce ironie à l'idée que le petit couteau d'un shelling sera troqué contre cinquante ou cent francs d'ivoire. Le roi noir s'épanouit dans un large rire en pensant qu'il se procure des couteaux fort utiles à ses sujets, des bouteilles d'eau-de-vie ou des fusils contre des dents d'éléphant dont il n'a que faire, qui ne coûtent que la peine de les ramasser dans les bois ou de les prendre à la chasse. Mais il ne rit pas du tout le pauvre manœuvre nègre, obligé de porter sur ses épaules la lourde charge d'ivoire jusqu'à la côte lointaine. Il sait la somme de risques, de fatigues, de souffrances et de temps que ce transport exige en échange des produits du travail relativement sain, confortable et bien rémunéré de l'artisan européen qu'il envie.

On a calculé récemment que l'emploi du machinisme actuel dans nos manufactures perfectionnées équivaut, entre les mains de l'ouvrier qui en dispose, à la possession d'une douzaine d'esclaves travaillant pour lui : sa production vaut douze. L'ouvrier est-il réduit à ses propres forces, sa production ne vaut qu'une seule unité. Le plus favorisé bénéficie sur l'autre dans la proportion de 12 à 1. Il y a donc échange de travail contre travail, comme il y a échange de produit contre produit, aux mêmes conditions d'inégalité variable selon les circonstances, les supériorités acquises et les milieux. Le tout est de se trouver du bon côté de l'échange inégal.

La théorie des strictes équivalences économiques inquiète d'ailleurs l'esprit par une physionomie suspecte de mouvement perpétuel, avec lequel n'est pas sans analogie cette rotation indéfiniment renouvelée d'échanges universels, d'importations et d'exportations réciproques, dont le rigoureux équilibre semblerait rendre impossible un avantage quelconque dans les bénéfices. Ce système de compensations absolues, sans doute acceptable quand il s'agit de l'ordre cosmique, paraît difficilement applicable au mécanisme pratique de la production humaine, où l'on doit nécessairement tenir compte des différences d'efforts, d'aptitudes, de temps et de rendement. Les ouvriers de certaines catégories et de certaines contrées peuvent donc bénéficier

sur des concurrents moins habiles ou moins
heureux.

La situation privilégiée des travailleurs qui
vivent dans les pays de civilisation raffinée
pourra-t-elle durer toujours ou longtemps?
Sur ce point encore surgissent de graves difficultés et des contradictions alarmantes. En
effet, l'usage des machines, dont les salariés
d'Europe et des États-Unis étaient seuls jusqu'ici à profiter, commence à se répandre
chez les peuples où la main-d'œuvre est à
vil prix; et la perfection même des instruments mécaniques permet à n'importe quel
ouvrier attentif de les faire fonctionner régulièrement. Aussi, d'après l'opinion de plusieurs économistes, une moyenne tendrait-elle
à s'établir entre les hauts salaires européens
et américains qui diminueraient d'une façon
sensible et les bas salaires asiatiques ou autres
qui augmenteraient d'autant. Il n'est pas facile
de concilier cette éventualité décourageante
avec les revendications légitimes de nos classes

laborieuses, dont le sort mérite assurément d'être amélioré. On ne voit qu'antagonisme aveugle des faits et des hommes bataillant dans une impasse.

A la menace brutale d'un phénomène économique, résultant du progrès même dont ils seraient à la fois les agents et les victimes, au moins temporaires, les ouvriers de l'ancien monde et du nouveau répondent par des sommations violentes en vue d'obtenir une plus forte rétribution de leur travail. Cette lutte générale qui s'exaspère chaque jour davantage entre le capital et la main-d'œuvre, ces grèves désastreuses, qui se multiplient partout, compliquent singulièrement les données rationnelles de la production à bon marché, condition nécessaire de la concurrence universelle. Que sortira-t-il de tous ces conflits?

Il paraît du moins manifeste que le *free trade*, en déchaînant plus que jamais la concurrence de la production et du travail, en avilirait forcément les prix. Et chacun a pu voir, par les désordres de Lens ou d'ailleurs, à quel point les ouvriers indigènes entendent protéger le travail national contre leurs concurrents étrangers. Frères, tant qu'on voudra, lorsqu'il s'agit de combattre le gouvernement ou les patrons; mais à l'usine et à l'atelier, c'est une autre affaire. La proclamation du libre-échange industriel et agricole, seul admissible avec égalité approximative, envenimerait les querelles et risquerait de provoquer à brève échéance l'explosion violente de la question sociale, dont l'évolution graduelle et pacifique soulève déjà des difficultés assez redoutables.

Quelles que puissent être dans l'avenir les relations du capital et du salaire, l'examen des faits actuels, au point de vue ouvrier aussi bien qu'au point de vue général, contredit le système de l'équivalence automatique des échanges. L'analyse confirme au contraire la doctrine économique sur l'avantage des excédents d'importations dans les pays avancés lorsque celles-ci sont supérieures aux exportations correspondantes, soit comme valeur et utilité réelles immédiates, soit comme source de production et de richesse futures, telle que l'introduction des matières premières destinées aux transformations et réexportations industrielles. De là, des profits considérables, dont l'accroissement est proportionnel aux progrès de l'industrie, du commerce, de la puissance capitaliste et de la main-d'œuvre. Naturellement les nations en retard voient ces mêmes profits diminuer ou disparaître pour elles. D'abord, en effet, faute de contre-partie échangeable et d'outillage perfectionné, elles sont souvent réduites à solder par un surcroît de travail, ou par des capitaux pris sur leur épargne, les différents produits qu'elles ont besoin d'importer. Puis, ce qu'elles perdent sur certains marchés, l'insuffisance de leurs ressources commerciales les empêche de le regagner sur d'autres.

L'excédent des importations, pas plus que l'excédent des exportations, n'est un signe certain de richesse.

En somme, ni l'importation ni l'exportation ne saurait prétendre à un brevet d'excellence ou de supériorité universelle et constante. Ces deux opérations, ainsi que tout échange, s'effectuent à égalité, à perte ou en bénéfice, selon les milieux, les circonstances, et la nature des objets échangés. Les peuples les plus prospères peuvent être forcés de faire venir du dehors des denrées indispensables dans des conditions onéreuses pour eux. Lorsque nous importons du blé que notre sol serait capable de fournir d'ordinaire en quantité largement suffisante à la consommation française, c'est un signe d'appauvrissement et non de richesse, comme le dit M. Paul Leroy-Beaulieu, l'un de nos meilleurs faucheurs di'dées fausses et de nos plus forts semeurs d'idées justes. Même s'il s'agit d'exporter des produits indigènes et de les vendre à l'étranger, tel pays se trouve amené par l'occurrence à les céder au prix de revient ou au-dessous pour ne pas les laisser perdre, ou pour éviter la crise qu'entraînerait une surproduction poussée trop loin, ou encore pour conserver quelque débouché essentiel. De ce qu'il y a excédent, soit d'importation, soit d'exportation, rien n'autorise donc à conclure qu'un accroissement de prospérité en résulte nécessairement toujours et partout.

Un sujet aussi complexe ne comporte pas de distinctions absolues. Ne pourrait-on pas avancer néanmoins que l'importation constitue plutôt le profit utilitaire, et l'exportation plutôt le profit monétaire de l'échange? Les nations en bonne voie de progrès doivent bénéficier à la fois sur les deux opérations, qui se servent réciproquement de contre-partie. Si l'une ou l'autre se trouve frappée d'anémie ou de mort, la gêne survient et risque d'aboutir à la ruine.

Imposer des entraves excessives à l'importation, c'est priver le pays du nécessaire et tarir une des sources de sa richesse. Appliquer la doctrine du laisser-faire et du laisser-passer, de façon à permettre qu'une concurrence écrasante tue la production nationale et anéantisse ainsi notre puissance d'exportation, c'est nous enlever à nous-mêmes les moyens d'obtenir dans des conditions avantageuses les importations utiles ou indispensables. Faudra-t-il donc les solder en épuisant notre épargne ou en demandant à nos ouvriers une plus grande somme de labeur pour une rémunération moindre, alors que les idées et les efforts actuels tendent à augmenter les salaires et à diminuer les heures de travail ?

Entre ces intérêts contraires, le difficile est de garder la juste mesure. Peut-être a-t-elle été parfois dépassée dans les derniers tarifs votés par nos Chambres. Il ne nous appartient pas d'en décider. Quoi d'étonnant d'ailleurs qu'une œuvre aussi minutieuse et aussi vaste contienne des exagérations de détail et quelques erreurs dans un sens ou l'autre? Le temps seul les mettra en relief et indiquera les revisions opportunes.

Dès maintenant toutefois on peut affirmer que notre régime douanier n'a pas établi autour de nous le blocus continental et maritime qui devait nous isoler du monde entier. Les droits sur les blés étrangers ont laissé et laisseront encore entrer chez nous les céréales nécessaires à l'alimentation du pays. Quant aux exportations d'objets fabriqués, que l'on disait menacées tout spécialement, elles offrent une plus-value d'environ dix millions pendant les six premiers mois seulement de l'année courante. Nos exportateurs français semblent envisager la situation sous des couleurs trop sombres. Le commerce allemand n'est-il pas en progrès incontestable dans les cinq parties du monde? Et pourtant l'Allemagne figure parmi les nations les plus protectionnistes de l'Europe. Pourquoi nos négociants n'iraient-ils pas à leur tour dans quelque archipel océanien se livrer aux opérations commerciales dont les *traders* cités par le comte de Hübner tiraient jusqu'à 700 et 800 p. 100 de bénéfices? Les profits réalisés par nos nationaux ne fussent-ils que de 500 ou 600 p. 100, l'entreprise vaudrait encore la peine d'être tentée.

On a fait grand bruit de certains résultats partiels, extraits des tableaux de douane relatifs aux huit premiers mois de l'année 1892. Nos exportations à l'étranger de produits fabriqués en France avaient baissé de vingt-deux millions et demi environ sur les exportations correspondantes de 1891 : c'était, disait-on, le fruit amer du système protecteur[1].

A propos de ces nombres, il serait oppor-

1. On tenait aussi le raisonnement suivant : Déficit sur l'exportation à l'étranger de produits fabriqués en France : 22 507 000 fr. Excès d'importation en France des produits fabriqués à l'étranger, c'est-à-dire dommage indirect causé au producteur français qui aurait pu les fabriquer lui-même : 6 640 000 fr. Total : 29 153 000 fr. de perdus pour le travail national pendant huit mois. Cette méthode de comptabilité,

tun de remarquer qu'étant donné l'avilissement général des prix, nos exportations ont
pu diminuer sensiblement en valeur sans
diminuer beaucoup en quantité. Mais n'insis-

appliquée aux chiffres complets de l'exercice 1892, mène à
des conclusions opposées. Il y a bien encore un déficit de
25 330 000 fr. sur l'exportation à l'étranger d'objets fabriqués
chez nous, mais l'excès dont on se plaignait sur l'importation en France d'objets fabriqués à l'extérieur est remplacé
par une diminution de 57 209 000 fr., tout à l'avantage de
nos producteurs d'après l'argumentation précédente. Différence : 31 879 000 fr. en faveur du travail national, au lieu
de 29 153 000 fr. de perte, soit un écart de 61 032 000 fr. à
notre profit. L'*Économiste français* du 4 février 1893 reconnaît qu'en raisonnant de certaine façon on pourrait se féli-
citer des cinquante-sept millions de baisse sur l'importation
en France des objets fabriqués à l'étranger. Mais d'expresses
réserves sont formulées aussitôt à cause de l'extrême com-
plexité des questions industrielles. En effet, pour que cette
manière de raisonner fût correcte, il faudrait établir que la
demande intérieure n'a pas fléchi, et que nos produits nationaux se sont simplement substitués aux produits de fabrication exotique, non importés chez nous. La preuve semble
malaisée à fournir dans un sens ou l'autre. C'est le défaut
commun à ces sortes de calculs où entrent d'ordinaire des
conditions presque impossibles à vérifier. Au contraire, vu
la régularité relative de la consommation agricole, l'*Économiste français* admet que la diminution constatée des importations alimentaires est incontestablement favorable aux
intérêts de notre agriculture.

tons pas. Vingt-deux millions et demi de perte,
ou plutôt de manque à gagner en huit mois,
le fait est très regrettable. Seulement, on ou-
bliait d'ajouter que les mécomptes signalés
chez nous s'observaient aussi en Angleterre
durant la même période, et dans des proportions bien plus grandes. La baisse des exportations anglaises d'objets fabriqués dépassait
deux cent soixante-six millions de francs, soit
9,5 p. 100. La baisse des exportations françaises similaires n'atteignait pas 2 p. 100.
Une diminution générale de 9,1 p. 100 était
relevée d'ailleurs dans l'ensemble des exportations de la Grande-Bretagne, tandis que les
nôtres avaient augmenté au contraire de
4,7 p. 100 en totalité.

Les résultats complets de l'année 1892 nous
sont encore beaucoup plus favorables qu'à nos
voisins d'Outre-Manche. En effet, nos exportations n'ont subi qu'une réduction insigni-
fiante, moins de sept millions de francs, sur
un chiffre total de trois milliards et demi.

Les exportations anglaises ont diminué de plus d'un demi-milliard, soit d'un douzième environ ou de 8 p. 100. La comparaison reste donc tout au désavantage de l'Angleterre libre-échangiste [1].

On dira bien que, si le commerce britannique a autant fléchi, la cause en doit être attribuée précisément aux entraves douanières qui paralysent son expansion chez les autres peuples. Mais, outre que la France n'est pas la principale cliente des maisons anglaises pour l'achat des objets fabriqués, sommes-nous la seule nation protectionniste dans le monde? Dussions-nous adopter les doctrines du *free trade*, comme l'on nous y

---

1. Les résultats des six premiers mois de 1893 sont encore tout en notre faveur. Nos exportations, comparées à celles des mois correspondants de 1892, n'accusent en effet qu'une diminution de 35 475 000 fr., soit de 2 p. 100 environ. Les exportations anglaises ont fléchi de 102 076 550 fr., (4 083 062 l. st.), soit une réduction de 3,6 p. 100, qui porte presque entièrement sur les produits fabriqués, tandis que l'exportation des produits de fabrique française a augmenté au contraire de 9 447 000 fr.

convie, notre exemple suffirait-il à entraîner l'Europe et l'Amérique? Le doute est permis. Nous n'aurions donc travaillé que pour atténuer les pertes de la Grande-Bretagne et pour aggraver les nôtres. Enfin, tandis que l'Angleterre, pays de libre-échange, exporte sensiblement moins que les années précédentes, les États-Unis, pays de protection rigoureuse, voient leurs exportations notablement augmenter.

De tant d'éléments disparates quelle vérité se dégage? Aucune de définitive selon nous. Il y a trop d'enchevêtrements et de répercussions inaperçus, trop de causes premières et secondes en jeu pour qu'un principe général apparaisse avec évidence. Mais, du moins, on ne saurait conclure de ces données contradictoires que nos tarifs douaniers soient seuls responsables de la crise dont souffrent actuellement toutes les contrées européennes, sans distinction de système économique.

La question d'opportunité dans le régime commercial.

Il serait téméraire d'affirmer à l'avance d'une façon absolue que les peuples doivent être libre-échangistes ou protectionnistes. La législation douanière qui convient à chacun d'eux dépend de conditions multiples, telles que la situation industrielle, le développement et l'importance relative de l'agriculture, la prospérité du moment, les richesses latentes, la position géographique. A notre avis, le régime commercial reste donc une question d'opportunité, voire de force majeure, suivant les époques et les contingences.

C'est après deux siècles de prohibition, et seulement quand elle s'est sentie la plus forte par la marine, les capitaux et l'industrie, que l'Angleterre s'est lancée dans le libre-échange. Elle y reste liée par la nécessité même, puisque sa détresse agricole la met à la merci de l'étranger pour l'entretien de sa population manufacturière qui s'accroît de jour en jour. D'ailleurs, l'Angleterre est la banque universelle du monde, après en avoir été longtemps l'entrepôt général, et sa suprématie sur mer lui assure, en tout état de cause, les gros bénéfices des transports maritimes dont la plupart des nations lui paient le fret.

Les États-Unis se suffisent largement à eux-mêmes pour les denrées alimentaires indispensables et les besoins essentiels du travail national sur leur vaste territoire où abondent à la fois les productions polaires et tropicales, comme les matières premières de toute espèce. L'Amérique peut donc se passer de l'étranger, dont elle n'a pas non plus de ce chef à redouter la concurrence. Dans un pays aussi privilégié, l'application des idées protectionnistes pouvait presque impunément être poussée jusqu'à l'abus.

Le commerce européen a des motifs d'espérer la réduction des hauts tarifs actuels et l'atténuation des rigueurs du bill Mac Kinley, depuis que les démocrates sont devenus les maîtres du gouvernement. Est-ce à dire qu'ils vont renoncer au système protecteur? Entre eux et leurs adversaires républicains, la seule différence est celle de la protection douanière modérée à la protection excessive. M. Cleveland s'expliquait nettement à ce sujet dans sa lettre d'acceptation de la candidature présidentielle. « Nous comptons sur l'intelligence de nos concitoyens, écrivait-il, pour repousser l'accusation qu'un parti, composant la majorité de notre nation, serait en train de dresser des plans propres à détruire ou à compromettre les intérêts américains, et nous savons qu'ils ne se laissent pas effrayer par le spectre d'un libre-échange impossible. »

Ce n'était donc pas une révolution économique qui s'annonçait par delà l'Océan ; c'était tout au plus une évolution d'allure assez débonnaire. Dans son adresse d'inauguration, le président Cleveland insiste sur la réforme des tarifs. Il faut attendre à l'œuvre les démocrates, et souhaiter que la réalité ne reste pas au-dessous de leurs promesses et de nos espérances. Une seule chose paraît certaine. Sous la direction d'un parti comme de l'autre, les États-Unis sauront poursuivre leur admirable essor dans le cadre splendide que la nature et les circonstances ont si généreusement préparé pour eux.

La France, exposée sur tous les points à des rivalités économiques redoutables, ne peut, ni pour sa consommation, ni pour son travail, se passer des produits exotiques. Dès qu'il lui en vient trop, sa production nationale est menacée. La concurrence bienfaisante qui vivifie risque toujours de se changer en concurrence fatale qui tue. Aussi, la question des droits de douane revêt-elle chez nous un caractère particulièrement délicat. On nous invite à imiter l'exemple de l'Angleterre, où plus de la moitié des habitants doit tirer du dehors sa nourriture, et où le quart de la population, travaillant pour l'exportation exclusivement, ainsi qu'en Belgique du reste, attend de l'étranger seul tout moyen de vivre. Car c'est le producteur indigène qui offre; c'est le consommateur étranger qui demande ou refuse à son gré. De même, sous le régime du libre-échange, la moitié ou les trois quarts peut-être des Français dépendraient de l'étranger pour leur existence, tandis qu'un quart seulement vivrait de la production nationale.

A part toute considération économique, cette situation précaire deviendrait singulièrement inquiétante pour l'avenir d'un pays continental, entouré de puissants voisins et ne possédant ni les immunités protectrices de la Belgique neutralisée, ni les immenses ressources de la Grande-Bretagne, à l'abri dans sa citadelle insulaire, tant que sa flotte lui garantira l'empire maritime. N'est-il pas préférable qu'une protection raisonnée, sans isoler la France, lui permette de subvenir par elle-même autant que possible à ses besoins essentiels, sauf un appoint tiré de l'extérieur?

Outre ces diverses raisons générales qui militent en faveur des tarifs de douane, d'autres préoccupations d'ordre spécial sollicitent l'esprit du législateur. Rien de si fallacieux, dans la pratique des choses, que d'opposer en bloc l'importation à l'exportation, sous la forme de deux abstractions collectives. Car ce ne sont pas habituellement les mêmes groupes de personnes qui importent et exportent par échanges directs. Les compensations qui s'effectuent plus ou moins dans la collectivité nationale sont loin de s'établir d'ordinaire dans les affaires entre particuliers importateurs, exportateurs, commerçants et transporteurs. A ces nombreuses causes de conflits s'ajoute l'antagonisme du consommateur et du producteur, de l'industrie et de l'agriculture. On se trouve en face de grands intérêts rivaux ou contradictoires. Faute de pouvoir les concilier, il faut leur demander ou leur imposer des sacrifices réciproques. Mais sur quels points et dans quelle mesure? Là commence le cruel embarras.

Les revendications légitimes de l'agriculture.

Nos difficultés douanières avec l'étranger se compliquent ainsi de rivalités et de querelles intestines qui aggravent la question. Le commerce ne s'inquiète pas de l'origine des produits qu'il importe ou exporte. Son desideratum unique, c'est de faire le plus de transactions possible, pour multiplier ses légitimes bénéfices et couvrir ses risques. Cosmopolite par nature, il est donc libre-échangiste radical et complet. Au contraire, les producteurs indigènes veulent des tarifs protecteurs, lesquels gênent évidemment le commerce. Les ports de mer préféreraient que tout vînt du dehors, afin d'avoir plus de transports à effectuer. Le Havre n'estime que les blés d'Amérique ; Marseille ne prise que ceux de la

Russie ou des Indes. Tant pis pour les blés français. Vive le sucre de canne qui nous vient des Antilles ou de Java ; haro sur la betterave féodale ! L'alcool de maïs étranger est seul vraiment démocratique, puisque ce maïs nous arrive par la Cannebière. Les débardeurs marseillais pétitionnent et se déclarent outrageusement spoliés si les importations désavantageuses au pays ont chance de se ralentir. Pour eux, les années de disette sont les bonnes ; leur droit est de débarquer n'importe quoi, pourvu qu'ils débarquent.

Bon nombre de départements méridionaux se plaignent amèrement d'être les victimes du Nord, que l'on accuse d'accaparer les profits de la protection. Pourtant le Midi lui-même ne se lève plus comme un seul homme. Les viticulteurs gascons ont mis de l'eau dans leur vin libre-échangiste depuis les ravages du phylloxera. A aucun prix ils ne veulent entendre parler d'ouvrir la porte aux vins d'Espagne ou d'Italie, contre lesquels ils deman-

dent un supplément de mesures préservatrices.
Les grandes villes, et Paris notamment, réclament la protection pour leurs produits et le libre-échange pour leur nourriture. Autant de régions, autant d'exigences diverses ou inconciliables.

Que chacun défende ses intérêts, rien de plus légitime assurément, à condition toutefois de ne pas s'indigner si le voisin défend de son côté les siens, également respectables. On a le droit incontestable de choisir entre les deux systèmes opposés et de chercher à faire prévaloir l'opinion de son choix. Mais revendiquer la protection pour soi-même et la refuser aux autres, c'est une prétention injustifiable, que l'industrie ne craignait pas d'élever plus ou moins ouvertement il y a quelques années encore. Protectionniste convaincue et très exigeante pour garantir ses produits contre les similaires étrangers, elle se montrait libre-échangiste passionnée lorsqu'il s'agissait des matières premières qui lui

7

viennent du dehors et des denrées nécessaires à l'alimentation de ses ouvriers, dont elle redoute naturellement d'avoir à augmenter le salaire.

Les agriculteurs sont toujours demeurés fermes sur le terrain inattaquable des principes supérieurs. Depuis quinze ou vingt ans, ils ne cessaient de tenir, au nom de l'égalité, ce simple langage : Traitons l'agriculture comme l'industrie, et protégeons également l'une et l'autre. — Impossible, s'écriait-on aussitôt ; ce serait provoquer une hausse inévitable de la main-d'œuvre, nos exportations d'objets fabriqués ne soutiendraient plus la concurrence à l'extérieur. — Traitons alors l'industrie comme l'agriculture, peu ou point protégée. — Y songez-vous, répliquait-on derechef ; nos industriels ne sauraient affronter ainsi la concurrence à l'intérieur avec les importations exotiques. Vous devez céder toute votre production agricole à bas prix et acheter cher les produits de nos manufactures afin qu'ils puissent être vendus bon marché à l'étranger.

Voilà le régime de défaveur exceptionnelle que l'agriculture s'est vu imposer pendant plus de vingt ans avec l'appui des doctrinaires de la liberté commerciale. L'industrie joue vraiment de bonheur. Outre sa supériorité financière et scientifique, elle a pour défenseurs attitrés presque tous les écrivains, les littérateurs et les publicistes de marque. La partie n'est pas égale pour nous autres, modestes ruraux, dont les prétentions d'écriture ne dépassent pas le niveau moyen d'une orthographe honnête et d'un essai loyal de correction grammaticale et arithmétique.

Le débat semblait clos, à la satisfaction commune, depuis l'accord intervenu entre industriels et agriculteurs pour le vote du dernier tarif douanier. Les partisans du *free trade* s'efforcent de raviver la querelle par un ingénieux détour. Réservant naguère toutes leurs sympathies pour la démocratie urbaine,

ils ne cachaient pas leur dédain envers nos
cultivateurs et nos paysans, aveugles incu-
rables, ignorants incorrigibles, routiniers
endurcis, qui labouraient encore le sol en
poussant péniblement devant eux quelque
antique charrue de l'époque du roi Dago-
bert. Aujourd'hui le ton change; on voudrait
regagner la démocratie des campagnes. Quelques-uns de nos plus subtils adversaires vont
même jusqu'à exalter l'esprit d'initiative de
l'agriculteur français, sa hardiesse à transformer, selon les circonstances et les besoins,
assolement, matériel, outillage. « Plaisant
pessimiste », en vérité, qui, avec des qualités
si solides, aime à se défier de lui-même et
ne veut pas se croire assez fort pour se passer de toute protection. Ne voit-il pas d'ailleurs
combien les industriels sont privilégiés devant
la douane ? Et l'on s'apitoie, non sans une
pointe d'ironie, sur le sort des pauvres campagnards, qui ne se lassent pas d'être dupes.

Le but évident de cette tactique nouvelle est

de brouiller les alliés d'hier, et d'attirer dou-
cement les agriculteurs dans le camp libre-
échangiste où ils se verraient accueillis à bras
ouverts. Après l'accolade, le tour serait joué,
et le libre-échange agricole paierait encore les
frais de la protection industrielle qu'on tarde-
rait indéfiniment à supprimer. Lors même
que l'agriculture pourrait se faire illusion sur
ce point, la suppose-t-on assez naïve et assez
perfide à la fois pour s'immoler bénévolement au triomphe d'un système qu'elle juge
mortel à tous, dans l'espoir peu consolant
de n'être pas seule à succomber? Mais sa
naïveté ne va pas non plus jusqu'à croire que
la législation douanière soit devenue un mo-
dèle d'équité à son égard.

Si les nouveaux tarifs, comparés surtout à
ceux de 1881, ont accordé aux produits agricoles des relèvements plus considérables
qu'aux produits industriels pris en masse, le
fait s'explique par une raison toute simple.
C'est que, pour l'agriculture, on partait du

zéro de l'échelle protectionniste ou à peu près, tandis que, pour l'industrie, le point de départ était d'ordinaire 15 ou 20 p. 100. Certains articles même, dès 1860 et 1881, bénéficiaient de taxes protectrices atteignant de 25 à 50 p. 100. Tels, entre autres, la plupart des tissus de laine, assez protégés déjà, sans que la dernière loi ait eu à modifier leur situation devant la douane. Tels aussi les fers, qui n'obtenaient aucun supplément de protection, mais dont les similaires étrangers ont constamment payé 40 ou 45 p. 100.

D'une part, sans doute, le droit sur les blés est d'environ 20 à 25 p. 100; le droit sur les vins de dix degrés a passé de deux francs à sept francs par hectolitre, au minimum, et représente, en moyenne, 35 ou 40 p. 100 de la valeur du liquide importé, souvent davantage. Mais, d'autre part, il faut tenir compte de l'interminable série des produits agricoles admis en franchise, sous le titre de matières premières : laines, peaux, soies, graisses,

plantes textiles, graines oléagineuses, etc.
Ainsi, pendant l'année 1892, les importations
de cette dernière catégorie, qui s'élevaient à
1 823 millions de francs, n'acquittaient que
15 millions au fisc, soit moins de 1 p. 100.
Au contraire, les droits perçus à l'entrée des
houilles, minerais, fontes, fers, pétroles, montaient à 15 p. 100 (60 millions de francs sur
414 millions). Enfin, tandis que les produits
étrangers faisant concurrence à l'agriculture
française ne payaient que 5 1/2 p. 100 à la
douane (171 millions de francs sur 3 065 millions), les matières et produits industriels de
toute nature introduits chez nous payaient
un peu plus de 11 p. 100 (121 millions de
francs sur 1 026 millions). L'écart est grand,
on le voit[1]. L'inégalité douanière, quoique

---

1. Encore faut-il remarquer que, parmi les produits de
fabrication étrangère, un très grand nombre ne figurent pas
dans ces calculs et ne peuvent y figurer, parce qu'ils n'entrent pas chez nous, sinon en proportions infinitésimales,
les droits dont ils sont frappés mettant un obstacle presque
absolu à leur introduction.

moins criante, subsiste encore au détriment des cultivateurs.

L'agriculture, toujours bonne fille, se résigne à son lot inégal, loin d'avoir l'intention secrète de dénoncer le traité d'alliance loyalement conclu avec les producteurs industriels pour le bien commun. La juste réciprocité veut que ses alliés l'aident à conserver sa part de protection indispensable, sans cesse remise en question sous les formes les plus diverses et parfois les plus inattendues. Hier encore, à propos de la Suisse, afin d'y sauvegarder la propriété littéraire des auteurs et des éditeurs français, ne demandait-on pas de nouveaux sacrifices à la propriété rustique? On trouvait tout naturel que nos bons villageois et nos Perrettes eussent à payer les frais des garanties protectrices accordées à nos pièces de théâtre et à nos romans, qu'ils ne voient pas et ne lisent guère. La contradiction n'arrête nullement nos adversaires, qui réclament avec le même entrain la protection pour la littérature et le libre-échange alimentaire pour les littérateurs.

Si des concessions sont nécessaires, comme il arrive dans les affaires de ce monde, pourquoi les exiger uniquement des populations rurales, et quelle compensation équitable aurait-on à leur offrir? Le crédit agricole? Un leurre, avec lequel on les amuse depuis trop longtemps pour qu'elles s'y laissent encore prendre. Des dégrèvements de taxes? Autant de promesses électorales qui s'évaporent après le scrutin. Quand nos législateurs, forcés dans leurs derniers retranchements, consentent enfin à diminuer l'impôt sur la terre, c'est pour reprendre aussitôt d'une main ce qu'ils ont donné de l'autre. A peine opérée, la réduction se trouve annulée presque entièrement par la création de taxes nouvelles ou par le relèvement des anciennes. Aucune classe de contribuables ne supporte des charges fiscales aussi lourdes que celles dont le cultivateur est accablé. « Les impôts sur la propriété foncière, écrit M. Paul Leroy-Beaulieu, sont rarement au-dessous du sixième ou du septième du revenu net, et ils en atteignent parfois le quart, le tiers, ou même plus. » Par une sorte d'ironie, l'accessoire, sous le nom de centimes additionnels, égale toujours et dépasse souvent le principal. « L'agriculture est la bête de somme du budget »; retenons cette parole d'un des plus éminents représentants du libre-échange[1].

Toutes les qualités solides du paysan français, son endurance au travail, sa frugalité, son économie, qui sont proverbiales dans le monde entier, semblent avoir pour unique destination de remplir le bas de laine légendaire à seule fin que le fisc y vienne puiser sans compter au profit des grandes cités manufacturières. « La législation républicaine réserve toutes ses faveurs aux populations des villes, disait récemment à la Chambre un

1. M. Léon Say.

député républicain. Les campagnes n'ont même pas les avantages de l'égalité que la République doit à tous les citoyens[1]. »

Nos campagnards ne prospèrent pourtant pas à ce point qu'on puisse impunément aggraver sans cesse le fardeau déjà trop pesant qui les écrase. C'est précisément parce qu'ils gagnent peu qu'on ne se fait aucun scrupule de les dépouiller. Après les avoir appauvris de toutes façons, on retourne contre eux leur pauvreté même comme un argument vainqueur, formulé à peu près ainsi : Les cultivateurs ne réalisent que de très maigres bénéfices ; les industriels en amassent de très gros, qui accroissent la richesse générale. Ce sont donc les industriels qu'il faut protéger doublement, et par de hauts tarifs, frappant les produits similaires étrangers, et par l'admission en franchise des denrées alimentaires, que la concurrence extérieure fera nécessairement

1. M. Bourgeois, du Jura.

baisser de prix. Voilà qui est catégorique. Mais l'agriculture? Elle s'arrangera comme elle pourra. Tant il est vrai que le libre-échange est la victoire des forts sur toute la ligne; et les forts gardent toujours un fond de mépris pour les faibles.

On dit : la richesse des industriels concourt à enrichir le pays. Assurément. Mais la pauvreté des agriculteurs, qui sont dix-huit et même vingt-quatre millions, si l'on tient compte des métiers annexes, n'appauvrit-elle pas aussi la France? Leur ruine l'atteindrait forcément. Ceux qui, par leur travail, font sortir du sol les matières premières destinées aux transformations industrielles, ne contribuent-ils pas largement à fonder la puissance manufacturière et à augmenter la fortune publique? Ils y contribuent même dans des conditions peu avantageuses pour eux. Car ces matières premières, fruit du labeur agricole, ne sont pas protégées contre les similaires du dehors, ce qui procure, il est vrai, de beaux

profits aux fabricants d'huile, de tissus, etc...
Mais nos laboureurs se trouvent ainsi dans
l'impossibilité de compenser leurs pertes sur
les céréales par des récoltes lucratives de lin,
de chanvre, ou de graines oléagineuses. Toute
mesure nouvelle frappant encore l'agriculture
aurait un contre-coup funeste sur la prospérité nationale.

Dix-huit millions de Français qui vivent
directement du travail de la terre ne sont pas
une quantité négligeable, même comme consommateurs de produits industriels. Ensuite
on oublie trop que le blé, à lui seul, représente
un revenu annuel dépassant deux milliards.
La France produit en moyenne plus de cent
millions d'hectolitres de froment, soit 12 p. 100
ou la huitième partie de la production totale
du monde. Notre industrie trouverait-elle
dans l'avilissement du prix des denrées alimentaires un regain de vitalité assez intense
pour pouvoir couvrir et au delà le déficit
agricole par un surcroît de production indus-

trielle et de bénéfices montant à un ou deux milliards ? Aux prises avec ses rivales des pays protectionnistes dont l'accès est défendu par des tarifs élevés, se flatterait-elle, en dépit des murailles douanières se dressant partout, d'augmenter du tiers ou de moitié ses exportations, et de réussir ainsi beaucoup mieux que l'industrie anglaise qui voit notablement baisser les siennes ? Admettons un instant que cela se puisse. Les agriculteurs protestent légitimement contre une proposition d'intérêt général qui les menace dans leur existence au nom du bloc économique, et qui, pour enrichir la France, ruinerait d'abord dix-huit ou vingt-quatre millions de Français.

D'ailleurs, le bilan national des forces vives et des énergies d'un grand peuple ne se règle pas uniquement, comme le livre de commerce d'une maison de banque ou d'une boutique, par une simple balance de Doit et Avoir. Ce serait payer cher un surplus pécuniaire hypothétique, que de l'acheter par la décadence et la disparition rapides de notre vaillante population rurale. Sans verser dans l'attendrissement bucolique, on peut affirmer que le paysan représente la vraie famille-souche de la race française, dont il a conservé toute la vigueur. L'amour de la terre, à laquelle l'attachent des liens si puissants, fait de lui le plus précieux élément de stabilité pacifique et défensive dans notre société profondément troublée au dedans et menacée au dehors. « Supposez, par impossible, que la culture du sol soit abandonnée, que les champs restent en friche, qu'on les transforme en parcs, en terres de chasse et d'agrément, tout disparaît; les industries elles-mêmes n'ont plus de marché et la nation n'a plus de soldats. La ruine de l'agriculture, c'est la ruine de la France[1]. »

L'abaissement du chiffre des naissances arrache un cri d'alarme à ceux que préoccupe l'avenir. Serait-ce le moment de dépeupler les

1. M. Alphonse de Calonne.

campagnes par la misère ? Le mouvement d'émigration vers les grands centres manufacturiers prend des proportions inquiétantes[1]. Si rien ne peut faire obstacle à cette évolution dont les conséquences sont fort graves, au moins n'en faudrait-il pas accélérer la marche. Avec des paysans on fait à volonté toutes sortes d'ouvriers industriels; on ne refait presque jamais des paysans ou des colons avec des ouvriers d'industrie. Cet exode progressif des ruraux vers les villes, sans espoir de retour aux champs, était dénoncé naguère à la tribune de la Chambre comme « un mal qui deviendrait irrémédiable à la longue et causerait la perte de notre pays ».

Un mot d'histoire en passant. Les Grecs

---

1. Sur la totalité des habitants, les statistiques officielles de 1856 comptaient 52 p. 100 d'agriculteurs de toutes catégories ; celles de 1886 n'en comptent que 47 p. 100 à peine. De 1871 à 1876, quatre cent mille campagnards vont s'établir dans les cités populeuses ; de 1876 à 1881, ils sont huit cent mille et, pendant la période quinquennale suivante, plus d'un million qui viennent disputer à nos artisans urbains déjà trop nombreux leur part de travail et de salaire.

citadins, commerçants subtils et marins har-
dis, ont couvert de leurs colonies florissantes
les côtes de la Méditerranée, mais sans jamais
étendre leur domination territoriale sur ce
qu'on appelle aujourd'hui le *hinterland* colo-
nial. Les solides et pesants légionnaires de
Rome, paysans pour la plupart et originaires
de la campagne romaine ou italique, ont fait
à pied presque tout le tour et la conquête du
monde alors connu. Ils ont approprié et cultivé
de leurs mains rustiques une partie notable
des terres conquises, et créé le puissant empire continental que l'on sait. L'empire romain
a disparu, mais le monde latin subsiste vivace
dans ses vieilles limites depuis bientôt deux
mille ans, et rien ne pronostique qu'il ne sub-
sistera pas encore pendant un égal nombre
d'années, tant que notre race restera agricole et guerrière. En outre, n'occupe-t-il pas
exclusivement l'une des deux Amériques?

La France est à la fois une ferme et une
maison de commerce et d'industrie ; ne sacri-

fions pas la ferme française. On peut, à la rigueur, se passer de certains produits industriels ; on trouve moyen d'y suppléer. Rien ne supplée à l'alimentation, dont il faut absolument conserver la production nationale, afin de prospérer en temps ordinaire et de ne pas subir toutes les menaces et tous les jougs aux époques de crise ou de danger extérieur[1]. Ce but ne saurait être atteint que par une protection efficace, qui empêche notre agriculture de succomber. Nous ne revendiquons pas de privilèges en faveur ou au détriment d'une classe quelconque des producteurs indigènes, dont la liberté de concurrence intérieure reste pleine et entière. C'est contre la concurrence écrasante de l'étranger que nous demandons l'égalité des avantages et la juste réciprocité des sacrifices entre concitoyens, afin que tous

1. N'est-il pas évident que, dans le cas d'une guerre européenne, l'Angleterre pourrait faire pencher la balance en faveur du belligérant qu'elle préférerait en affamant l'autre grâce à la puissance de ses flottes, qui lui permettrait d'entraver ou d'empêcher les importations alimentaires ?

puissent affronter la lutte avec leurs redoutables rivaux du dehors.

Envisagée à ce point de vue, la question
douanière se présente ainsi : Pour sauver
notre industrie et notre agriculture, convient-
il que chaque Français ajoute annuellement
à ses frais d'existence un supplément de mé-
diocre importance relative, que l'on se plaît
à exagérer? Ou bien, au contraire, pour mé-
nager à chaque Français une mince économie
annuelle, laisserons-nous péricliter puis périr
l'agriculture et l'industrie nationales? Tel est
le dilemme réduit à sa plus simple expres-
sion. Le débat ne devrait surgir que sur la
proportion et l'égalité approximative des
charges supportées par tous et chacun.

**Les libre-échangistes français semblent
ne vouloir que le libre-échange agricole.**

Cette égalité de traitement, la seule mesure
équitable, les libre-échangistes l'admettent-ils

du moins dans le libre-échange? Avec leur brio accoutumé, ils réclament bien le libre-échange sans épithète, mais l'on sait ce que parler veut dire; ils se contenteraient d'en obtenir la moitié provisoirement, par modération, en se donnant la conciliante apparence de trancher le différend par le milieu. Ce demi libre-échange serait naturellement le libre-échange agricole à côté de la protection industrielle; la France-campagne paierait encore une fois la rançon des privilèges accordés à la France-villes. La manœuvre est habile; elle a réussi en 1860 et retrouverait aujourd'hui le même succès, pour peu que l'alliance entre l'agriculture et l'industrie vînt à se rompre.

Au demeurant, la question économique est facile à régler sur le papier, et nos honorables adversaires y excellent. Leur doctrine avait déjà la tournure d'un dogme orthodoxe. Quiconque refusait d'y croire était « voué à un perpétuel anathème ». Maintenant le libre-échange passe au rang de vertu. « Car c'est une question, en économie politique, de savoir si l'on peut être protectionniste et honnête homme. » La meilleure réplique serait de mettre les libre-échangistes au défi de proposer nettement, dans les réunions électorales ouvertes et dans les assemblées politiques, le libre-échange honnête, complet et sincère, égal pour tout et pour tous, en bloc, sans disjonction ni différence d'aucune sorte.

Ce ne sont pas les occasions de le faire qui leur ont manqué au milieu de nos innombrables changements de ministères, de gouvernements et de systèmes. Sous divers prétextes, ils se bornaient toujours à exiger le libre-échange agricole immédiat, et ajournaient à une date ultérieure, *sine die*, le libre-échange industriel. Quel dommage qu'ils n'aient pas profité d'une de nos nombreuses révolutions pour appliquer le libre-échange intégral! Nous aurions bien su nous y prendre à temps pour n'en point mourir. L'épreuve serait faite, et la cause jugée; on n'en parlerait plus.

Les protectionnistes jouent franc jeu et offrent une honnête égalité dans la protection. Les libre-échangistes réclament-ils le libre-échange égal pour tous? Sous quelque régime que ce fût, régulier ou révolutionnaire, ils ne l'ont pas osé, que nous sachions. L'oseront-ils jamais?

Réplique à quelques objections.
La petite culture
profite-t-elle de la protection douanière?

Personne ne nous supposera l'intention téméraire de répondre à toutes les objections, graves ou légères, gaies ou sérieuses, soulevées contre les derniers tarifs de douane. Quelques-unes, plus complaisamment reproduites, ne peuvent guère être passées sous silence. Mais nous nous garderons de quitter le terrain des idées générales et d'aborder les questions techniques, d'importance ou de détail, qui doivent être réservées aux écrivains d'une compétence spéciale et supérieure. Du reste, dans ce débat interminable, où tout semble avoir été dit, redit et contredit, les raisons alléguées de part et d'autre, sous différentes formes, se résument invariablement en une double thèse, qui revient sans cesse comme une double antienne, monotone et connue.

La France, étant plus faible que ses concurrents étrangers, ne saurait affronter la lutte avec eux si des taxes protectrices ne rétablissent pas partiellement l'équilibre. — Elle sera encore bien moins capable de soutenir la concurrence universelle, tant que le libre-échange n'aura pas introduit chez elle le bon marché de la vie. Soyez libre-échangistes pour être les plus forts. — Commençons par être les plus forts avant de nous aventurer dans le libre-échange. Et ainsi de suite indéfiniment les attaques et les ripostes tournent dans le même cercle. En outre, chacun des deux systèmes affiche la prétention exclusive de faire

« le bonheur du plus grand nombre », d'après
la formule d'Helvétius, de Priestley, et de
Bentham. Dès que le nombre donne raison à
l'un des partis, le parti opposé objecte justement que le nombre n'est pas infaillible. Sur
un seul point tous les deux sont d'accord pour
se dire réciproquement : votre remède est
pire que le mal. La discussion prend ainsi
l'allure d'une plaidoirie contradictoire, dans
laquelle, selon le devoir de tout bon avocat,
chacun défend sa cause à l'aide des meilleurs
arguments, sans négliger les autres.

Pour semer la division dans le camp protectionniste, nos adversaires ne craignent pas
d'évoquer le spectre de l'oligarchie terrienne.
Ce spectre féodal est un peu démodé sans
doute. Mais il fait encore quelque figure dans
notre société démocratique, dont la première
idole est l'égalité. On répète donc sur tous
les tons que les droits frappant les blés et le
bétail étrangers, loin d'être utiles à la petite
culture, lui font subir indirectement les char-

ges du régime protecteur, et que les gros propriétaires et fermiers sont seuls à profiter des tarifs de douane.

Qu'on veuille bien alors nous rendre compte de ce fait singulier que le développement des idées protectionnistes dans la population des campagnes ait précisément marché de conserve avec celui des idées républicaines, et que la démocratie rurale triomphante ait adopté pour elle-même et imposé opiniâtrément à ses députés les doctrines reprochées aux bourgeois du gros bail et aux marquis du pain cher. Paysans républicains et représentants radicaux, dont tout le monde connaît les sentiments à l'égard du château ou de la ferme, se seraient-ils ligués ensemble à seule fin d'enrichir à leurs dépens l'opulent fermier qu'ils envient ou le châtelain qu'ils suspectent? C'est bien improbable.

On nous explique que l'entente protectionniste n'est qu'un malentendu, résultant de la consultation défectueuse du suffrage universel. Les choses iraient tout autrement, si le vote se faisait séparément sur chaque produit au moyen d'un plébiscite divisé. Par exemple : voulez-vous que le prix de tel produit soit abaissé d'un dixième? Comme, en conséquence du progrès et de la division du travail, chacun est consommateur, mettons de dix produits différents, et seulement producteur d'un ou deux produits principaux, qu'il veut vendre le plus cher possible, chacun voterait huit ou neuf fois Oui pour l'abaissement du prix des denrées qu'il consomme, et une ou deux fois Non pour le renchérissement des denrées qu'il produit. De la sorte, sur chaque millier de votants, le libre-échange réunirait huit ou neuf cents voix, tandis que la protection n'en obtiendrait que cent ou deux cents.

Tout porte à le croire. Cette manifestation des mêmes individus sous un double aspect, à la fois protectionnistes pour eux, et partisans de la liberté de concurrence étrangère

contre les autres, fait ressortir de la plus piquante façon les contradictions du dualisme
économique individuel; c'est le nœud de la
question douanière. Pourquoi ne pas pousser
le paradoxe jusqu'au bout? Si par un plébiscite séparé on proposait la gratuité de chaque
produit, qui est le dernier mot du bon marché, on aurait une majorité encore plus certaine; car la gratuité est la tendance du jour.
Comme consommateurs, les citoyens se réjoui-
raient fort; mais, comme producteurs, de
quoi vivraient-ils? Force serait d'en appeler
bientôt au suffrage universel mieux informé.
Les producteurs voteraient alors en masse,
sans distinctions égoïstes, les mesures nécessaires afin que, dans les diverses branches de
la production nationale, fût rétabli le précédent ordre de choses, conservant des prix plus
ou moins rémunérateurs et quelques bénéfices
pour les travailleurs de toutes catégories.

C'est à peu près le mouvement de protes-
tation que nous avons vu se dessiner aux

élections législatives de 1889, qui ont envoyé à la Chambre une majorité protectionniste compacte. Nos paysans avaient bien compris que les intérêts de la culture, petite et grande, sont solidaires. En dépit des faux semblants et des préjugés, leur bon sens les avertit qu'un krach agricole qui atteindrait les gros propriétaires fonciers par suite du libre-échange, ruinerait les autres du même coup.

On répète souvent que le possesseur ou l'exploitant d'un humble domaine de cinq hectares au maximum ne bénéficie nullement de la protection, et que la hausse du prix des denrées ne lui rapporte rien, puisque en fait de nourriture il consomme tout ce qu'il produit. Observons d'abord que cette hausse de prix doit lui être aussi indifférente que la baisse, et ne saurait grever ses dépenses d'alimentation, puisqu'il produit, dit-on, tout ce qu'il consomme. Mais ensuite, la plupart des petits cultivateurs s'emploient à divers travaux dans les fermes et les habitations du voisinage. Eux et leur famille reçoivent des salaires, dont le taux descend ou s'élève naturellement selon la situation plus ou moins précaire de la grande ou moyenne culture. Que celle-ci soit trop éprouvée, une bonne part de leurs ressources se trouve aussitôt tarie.

Quant au propriétaire d'un bien de cinq à dix hectares, on reconnaît que les tarifs de douane lui font gagner quelque chose, mais si peu; quarante francs par an, une misère! Évidemment le bénéfice ne peut pas être aussi considérable sur cinq ou dix hectares que sur cinquante ou cent. A supposer même que le chiffre allégué ne soit pas beaucoup trop faible, un léger profit résultant de la protection vaut encore mieux que la grosse perte relative qui serait la conséquence forcée du libre-échange[1]. Somme toute, du petit au grand, l'essentiel est de rester au-dessus de ses af-

1. Si le prix de vente en France du blé étranger ne payant plus aucun droit était inférieur de 2 francs seulement par hectolitre au prix de revient du blé français, hypo-

faires. Il suffit au nageur que sa bouche dépasse de quelques millimètres le niveau de
l'eau pour éviter l'asphyxie. En outre, chaque
cultivateur de cette catégorie tient à gages
un ouvrier auxiliaire, une servante, parfois
les deux, et occupe de temps en temps un
certain nombre de journaliers. N'oublions pas
la clientèle des artisans de village : bourre-
liers, charrons, etc., et autres métiers annexes
de l'agriculture. Si les récoltes se vendent
mal, c'est la détresse pour tous ces modestes
travailleurs qui cessent d'être occupés, ou subissent une notable réduction de salaires. Peu
leur importe, au contraire, de payer un ou
deux centimes plus cher la livre de pain, s'ils
touchent cinquante centimes ou un franc de
plus par jour.

Au fond, la petite propriété et tous ceux qui
en vivent peuvent encore moins que la grande

thèse certainement au-dessous de la vérité, la perte sèche
varierait de 150 à 300 francs, dans les cultures de 5 à 10 hectares, pour un rendement moyen de 15 hectolitres à l'hectare.

se passer de droits protecteurs. Aujourd'hui déjà, malgré leur amour pour la terre, nos paysans l'abandonnent dans plusieurs régions de la France pour aller chercher un autre métier. Que serait-ce en cas de libre-échange agricole ? Les vastes exploitations rurales, collectives ou privées, disposant de puissants capitaux, trouveraient seules moyen de supporter, non sans lourds sacrifices, les frais de culture intensive indispensables pour affronter la concurrence étrangère. C'est alors que le spectre de l'oligarchie terrienne capitaliste, ou des combinaisons socialistes, pourrait bien devenir une réalité fâcheuse. La petite propriété familiale n'existerait plus.

La solution pratique du problème agricole est-elle assurée par la culture intensive ?

Vous avez beau dire, reprennent les libre-échangistes ; vos tarifs de douane ne sont que

des expédients antiscientifiques, sans valeur
et sans portée. En surélevant artificiellement
les prix, vous faites penser à ces sauvages
ignorants et candides, qui croient ramener le
beau temps en faisant remonter de force l'ai-
guille du baromètre. Ce n'est pas par la prohibition des céréales étrangères que vous ramè-
nerez la prospérité dans nos campagnes; c'est
par l'application de procédés perfectionnés
qui procureront de gros rendements. Pour
obtenir cet heureux résultat, il suffit d'une
dépense supplémentaire de cent ou deux
cents francs par hectare. Transformez l'agriculture, et vous gagnerez de l'argent.

Réponse : Faites-nous gagner de l'argent,
et nous transformerons l'agriculture. Il y a
beau temps que nos agronomes et même les
plus défiants de nos paysans connaissent les
puissants effets de la culture intensive. D'importants progrès ont déjà été réalisés grâce
à de judicieux efforts; d'autres se préparent.
L'activité des travailleurs de la terre ne s'endort

nullement, quoi qu'on dise. Encore ne faudrait-
il pas leur demander l'impossible. A cent ou
deux cents francs par hectare, pour les sept ou
huit millions d'hectares cultivés en blé, le supplément de dépenses, préconisé comme un remède infaillible, n'atteindrait pas loin d'un
milliard et demi. Où le prendre? Déclarer à
l'agriculture française, peu fortunée, qu'elle
n'a pas d'autre moyen immédiat, pour lutter
contre les récoltes des États-Unis, du Canada,
de l'Australie et des Indes, que de jeter un
milliard et demi d'engrais chimiques dans le
sol, c'est pousser un peu loin l'ironie de la
science, qui ne va pas sans la finance, son
véhicule indispensable [1].

Certes, un rendement régulier de trente hectolitres de blé à l'hectare viendrait notablement

1. Certains optimistes estiment et s'efforcent de prouver
que l'agriculteur peut tirer de son capital 20 p. 100 en bonne
moyenne. Pour réfuter une semblable exagération, il faudrait entrer dans trop de détails techniques. On a dit aussi
aux agriculteurs : à défaut de céréales, faites du pâturage.
Et voilà que la présente sécheresse compromet l'élevage
français pour plusieurs années.

en aide à certaines classes de cultivateurs. Mais il est fort douteux que, dans la pratique ordinaire, l'usage constant des engrais chimiques, permettant d'emblaver des surfaces moindres pour obtenir une production totale égale ou supérieure, arrive à rémunérer normalement la grosse avance de capitaux exigée. Sans compter que ces phosphates et superphosphates régénérateurs sont parfois d'un usage délicat pour le praticien.

Appliquée sur une vaste échelle, la méthode ne serait vraiment profitable aux agriculteurs que si la demande grandissait soudain proportionnellement à la surproduction. Sans quoi, le seul résultat net d'une opération qui coûterait tant d'argent et de peines serait la dépréciation des blés nationaux, se faisant concurrence entre eux. L'agriculture aurait ainsi grevé ses frais annuels de l'intérêt du milliard et demi investi dans le sol, et cela pour aboutir à une nouvelle baisse de nos céréales, dont le prix n'est déjà pas suffisamment ré-

munérateur. Le problème agricole ne semble
donc pas aussi simple qu'on veut bien le dire
et ne saurait être résolu d'emblée, fût-ce par
l'emploi généralisé des procédés les plus dispendieux et les plus savants. La protection
douanière ne le résout pas non plus sans
doute. Ses prétentions sont moins grandioses.
Mais le modeste bénéfice que, de l'aveu même
de ses détracteurs, elle assure aux petits propriétaires, leur permettra de réaliser des amé-
liorations progressives, et d'abord de subsis-
ter. C'est un *modus vivendi* ou *vivotendi* en
attendant mieux.

**La protection douanière est-elle une prime
en faveur de l'étranger? Le jeu de l'escompte n'est-il pas une protection indirecte?**

On objecte encore que les tarifs protecteurs,
augmentant les dépenses vitales et par suite
les frais de revient des produits indigènes,
équivalent à une sorte de prime indirecte en

faveur des produits étrangers sur le marché extérieur. A ce compte, le libre-échange, qui attire chez nous des importations dont l'affluence excessive et le bas prix défient toute concurrence de notre part et mettent dans un état d'infériorité notoire la production nationale, constituerait une véritable prime directe payée par nous aux producteurs étrangers sur notre marché intérieur. Tel serait le cas, en effet, si nous dépensions annuellement plusieurs centaines de millions pour acheter des denrées alimentaires exotiques, qui viendraient déprécier les nôtres dans des conditions ruineuses pour nous.

Quand de semblables achats sont rendus exceptionnellement nécessaires, par suite d'une mauvaise récolte, les économistes se plaisent à constater que le pays peut en solder les frais sans trouble ni gêne appréciables. Félicitons-nous avec eux d'un symptôme de richesse dont la solidité ne résisterait pourtant pas à des épreuves de ce genre renouvelées trop souvent. Il est bon d'observer en outre que la contre-partie exportée qui fait rentrer nos capitaux se trouve fournie par les industriels. Si l'exception devenait la règle, l'argent sortirait chaque année au détriment des cultivateurs et rentrerait au profit des manufacturiers et des commerçants. Le circulus économique fonctionnerait toujours régulièrement; mais l'agriculture n'en éprouverait pas moins de dommages.

Cette facilité de payer une sorte de prime directe à l'étranger n'implique-t-elle pas pour la France une facilité égale de se payer à elle-même une prime agricole analogue, dont le montant resterait dans le pays, au grand avantage d'un nombre considérable d'habitants, et finalement de la population entière qui ne saurait en totalité se consacrer aux travaux de l'industrie? C'est précisément l'objet des tarifs douaniers.

En matière de finances, et sous des formes différentes, les mesures protectrices, tant reprochées aux agriculteurs, sont constamment appliquées par les banques d'État avec l'assentiment général. Celles-ci voient-elles leur stock métallique se réduire, et l'or monnayé tendre à passer la frontière en quantité anormale, elles arrêtent ou limitent aussitôt la sortie du métal précieux en relevant le taux de l'escompte dont les oscillations jouent ainsi, par rapport à la monnaie, le rôle d'une sorte d'échelle mobile douanière. Seulement l'échelle mobile avait pour but d'empêcher les blés d'entrer ; le relèvement de l'escompte a pour effet d'empêcher l'or de sortir.

Les protectionnistes, sauf quelques exceptions, ont renoncé depuis longtemps à l'emploi d'un système minutieux qui, par ses fluctuations continuelles, rendait impossibles ou trop aléatoires les opérations commerciales à long terme ; les tarifs fixes évitent cet inconvénient. Remarquons d'ailleurs que, si le blé est peu abondant et cher, comme en 1891 par exemple, la douane, large et maternelle, s'empresse de diminuer les taxes, et avec raison. Elle n'impose de droits protecteurs qu'autant que les céréales sont très offertes. L'escompte est un tuteur sévère et méticuleux, dont les exigences augmentent quand l'argent est rare et très demandé. Ainsi le veut la loi de l'offre et de la demande qui régit le jeu de l'escompte. Mais ce rehaussement de taux, si salutaire et efficace pour retenir l'or près de sortir et ramener les capitaux sur le marché, n'aboutit pas moins, en fait, à une modification ou à un arrêt artificiels du cours naturel des choses.

Menus propos et gaietés du libre-échange.

Les partisans du *free trade* se dérident volontiers et ne dédaignent pas le badinage. Bien des réponses ont déjà été faites à leurs railleries, qui ne datent pas d'hier et restent quand même au répertoire. En bons ruraux sans rancune, saluons donc au passage la vieille plaisanterie classique, qui prête aux protectionnistes l'intention d'établir la culture du thé en Bourgogne, du café en Normandie, ou de la canne à sucre dans les départements du Nord, etc., etc. C'est, depuis tantôt soixante ans, la joie des banquets libre-échangistes, et la betterave ne s'en porte pas plus mal.

Régulièrement, au champagne, éclate l'accès d'hilarité inévitable à propos des ports de mer que la protection nous forcera de combler bientôt, et des voies ferrées dont elle exigera la destruction. Pourtant, c'est sous le régime protecteur et avec les capitaux protectionnistes que nous avons construit nos chemins de fer et creusé nos ports. Ils sont faits pour transporter, importer ou exporter ce qui nous plaît et nous profite. Parle-t-on de murer les portes des maisons et des édifices parce qu'elles ne s'ouvrent pas à tout venant?

Ceux qui préconisent la supériorité des exportations sont assurés d'entendre paraphra-

ser à leur adresse la spirituelle critique de
Bastiat et l'amusant exemple du naufrage de
ses truffes. On use et abuse de l'apologue du
sympathique maître pour proposer ironique-
ment d'expédier de nombreux navires chargés
de cargaisons françaises, et de les faire som-
brer en pleine mer afin d'enfler le compte de
sortie sur les registres douaniers, s'il suffit
d'exporter pour s'enrichir. Ce qui autoriserait
à dire aux fanatiques d'importations : Entassez
dans vos magasins français des balles de cotons d'Amérique, et mettez-y le feu ; il faudra
en importer d'autres et cela gonflera d'autant
le compte des entrées, signe certain de richesse, puisque l'importation seule enrichit
les peuples. Lequel vaut mieux d'exporter un
naufrage, ou d'importer un incendie ?

Naguère encore nous entendions l'un de
nos ministres, dans un élan de gratitude
envers la nature libre-échangiste, prendre à
témoin nos puissants fleuves qui appellent
sur leur rives hospitalières le commerce uni-

versel! Et cependant, nos braves fleuves, comme nos pudiques rivières, repoussent de leur lit autant que possible, avec toute la force de leur courant, l'étranger ainsi que les importations extérieures, et au contraire favorisent de leur mieux l'exportation nationale au fil de l'eau. S'il était permis de compléter révérencieusement le mot de Pascal, ne faudrait-il pas dire que les fleuves sont des chemins qui marchent pour l'exportation et qui reculent pour l'importation maritime? Aucune harangue ministérielle ne changera leurs pentes naturelles ni le cours de leurs idées fluviales.

Soyez au moins logiques, nous ripostent les partisans du *free trade*. Pourquoi ne taxez-vous pas à la douane les eaux du Rhône qui s'introduisent audacieusement de Suisse en France sans payer de droits? La plaisanterie est de bon aloi. Ajoutons même que le Rhône, se méfiant de nos intentions, avait imaginé de passer subrepticement sous terre, pour reparaître en deçà de la frontière française, derrière le dos de nos douaniers confus. Mais voilà que de perfides ingénieurs, perçant à jour le souterrain, ont forcé le fleuve de couler à ciel ouvert et de payer sa rançon en faisant tourner à notre profit les mécaniques de Bellegarde. Nous ne persisterons que plus à encourager l'importation des eaux genevoises du Rhône, parce que celles-ci sont avantageuses, propres et salubres. Si elles ne l'étaient pas, nous suivrions incontinent l'exemple des Belges libre-échangistes, qui ont interdit l'accès de leur pays à l'Espière, petite rivière de France allant déverser sur le sol immaculé de la Belgique les eaux malpropres de Roubaix et de Tourcoing. Les douaniers de nos bons voisins veillaient inflexibles ; ils ont victorieusement exigé du gouvernement français l'exécution d'importants travaux et de grands appareils de purification très dispendieux, avant de tolérer l'entrée en franchise de l'humble rivière.

Comme dernier et mortel argument : « Vous êtes des socialistes », nous déclarent nos adversaires. « Anarchistes vous-mêmes », pourrions-nous leur répliquer sur le même ton. Car votre doctrine du « laisser-faire, laisser-passer », interprétée dans le sens absolu des termes, rendrait impossibles toute administration, toute sécurité et tout ordre social. Vous vous êtes donné beaucoup de peine pour nous expliquer, avec votre talent habituel, qu'il ne fallait pas prendre la formule à la lettre, et que l'application en était restreinte à certains sujets spéciaux. C'est entendu. Mais alors, dès qu'il y a lieu de distinguer et de choisir entre les choses qu'on doit laisser faire et celles qu'on doit interdire, nous rentrons dans le cercle banal des difficultés courantes et des affirmations discutables. Le prestigieux principe, qui semblait grand comme le monde, se rétrécit singulièrement et s'évanouit. Pourquoi vouloir nous éblouir de son faux éclat et nous traiter d'obscurs blasphémateurs ?

Sérieusement, les partisans du régime protecteur peuvent-ils être qualifiés de socialistes, parce qu'ils réclament certaines interventions spéciales de la loi, dont fourmille l'organisation des États modernes, à commencer par l'antique loi des pauvres de l'aristocratique Angleterre? C'est une querelle et un abus de mots.

Les trois quarts de l'effort social et individuel sont consacrés obligatoirement à lutter contre l'impitoyable tyrannie des choses, aussi bien que contre l'injustice des hommes entre eux. Nos institutions actuelles de secours, de bienfaisance et d'utilité publique n'ont guère d'autre objet. La liberté complète de la force implique l'écrasement complet de la faiblesse, et il y a beaucoup de faibles. Pour eux le droit de défense devrait tempérer le droit de concurrence reconnu aux forts. Le mécanisme économique se composant de rouages humains en grande partie, certaines rigueurs peuvent être jugées inadmissibles sans excès

de sentimentalité « *émotioniste* » et sans péché
de socialisme.

Devant les dangers communs, ne serait-il
pas souhaitable de suspendre au moins le
libre-échange des invectives qui dépassent le
but et les intentions courtoises de chacun ?
Les transformations profondes, dont plus d'un
symptôme est visible, coûteront à tous d'assez lourds sacrifices, même en cas de solutions
favorables. Évitons les discordes intestines
entre économistes, agriculteurs, commerçants
et industriels, professant les mêmes doctrines,
sauf sur un seul point. Ce ne sera pas trop de
l'union des forces conservatrices, non certes
pour écarter de parti pris n'importe quel essai
de combinaisons nouvelles, mais pour élucider les problèmes difficiles, et empêcher les
tentatives prématurées, folles, ou manifeste-
ment funestes et destructives de tout progrès
durable. Même sur la question douanière,
les libre-échangistes modérés et les protectionnistes raisonnables ne pourraient-ils pas

·s'entendre pour signer un compromis sauve-
gardant l'égalité approximative entre les intérêts de l'industrie et ceux de l'agriculture?

Nous avons toujours été empressés à recon-
naître, au point de vue humanitaire et cosmopolite, les beaux côtés de la théorie libre-
échangiste et son prestige indéniable. Le
libre-échange constitue une liberté de plus et
un impôt de moins; voilà qui est bien fait
pour séduire. Le malheur veut que nous ne
voyions pas encore poindre le jour de la bien-
veillance universelle et des justes solidarités
internationales, faute desquelles tout cosmo-
politisme appliqué ne saurait être que com-
plicité ou duperie.

En revanche, ne voudra-t-on pas cesser de
représenter le protectionnisme comme un
système barbare et grotesque, condamnant la
France à l'isolement farouche derrière une
muraille de Chine imperméable? Après tout,
le régime économique sous lequel nous vi-
vons depuis près de quatre-vingts ans nous

permet de briller au second rang pour le moins. Et combien y a-t-il de grandes nations nettement libre-échangistes dans le monde civilisé? Une seule, l'Angleterre.

Un syndicat latin.

On a un peu trop abusé contre nous de l'argument des amitiés internationales, que nous tenons autant que personne à conserver. Nos honorables adversaires se plaisent à discuter la question des tarifs au point de vue diplomatique; empressons-nous de les suivre sur ce terrain théoriquement illimité, où la fantaisie individuelle peut se donner libre carrière. Loin de désirer l'isolement systématique de la France, nous pensons au contraire qu'une politique douanière habile et ferme trouverait moyen de nouer des liens solides d'amitié et d'intérêts avec nos voisins de même race, sans préjudice d'autres alliances précieuses.

Dans le règlement de nos affaires intérieures ou extérieures, l'étranger est tellement habitué, de longue date, à voir les Français, bons enfants, se laisser bénévolement exploiter, et se prêter à des concessions sans réciprocité suffisante, qu'il se déclare odieusement spolié, dès que le gros profit n'est pas pour lui. Nous sommes flattés, sans doute, que les étrangers se considèrent comme chez eux parmi nous. Il y a pourtant un degré au delà duquel peut sembler abusive l'exploitation financière, politique et commerciale de la France, si hospitalière pour les exotiques. Quand chacun sera bien convaincu que notre pays n'est pas à la merci de voisins se posant en assiégeants économiques, les rapprochements n'en deviendront que plus faciles, plus sincères et plus durables.

A défaut de la concorde universelle qui ne paraît guère prochaine, ne serait-il pas possible de se grouper entre nations limitrophes, d'après les affinités naturelles, dans le dessein pacifique de commercer librement ensemble? L'emploi d'un judicieux mélange d'opportunes concessions et de résistances affables serait peut-être le plus sûr acheminement vers cet heureux résultat. On arriverait à former une sorte d'union douanière latine, de Zollverein, ou mieux de *Zollverino*, si j'ose m'exprimer ainsi pour donner au terme germanique la consonnance et l'allure conformes à la vieille *Lingua franca*, qui se parle encore sur toutes les rives de la Méditerranée.

Ce syndicat latin offrirait d'abord l'avantage d'aider à résoudre, par des arrangements de famille, la question scabreuse de la démonétisation plus ou moins complète du métal argent. Mais pourquoi s'arrêter en si beau chemin? La Belgique, l'Italie et la Suisse manquent de colonies. La France, comme le Portugal, manque de colons. On s'entendrait entre soi. Nous possédons un vaste domaine d'outre-mer, et nous ne demanderions pas mieux, sous des conditions à débattre, que de faire participer à sa mise en valeur nos consanguins, alliés naturels de race et d'intérêts. Sans nul doute, les Espagnols et les Portugais ne refuseraient pas non plus d'ouvrir leurs belles colonies à l'activité féconde des États fraternellement syndiqués.

Par la force des choses, l'association coloniale et douanière conduirait bientôt à l'union maritime des flottes militaires et marchandes, union essentiellement pacifique et défensive, destinée à maintenir la neutralité, comme la liberté des mers, et l'on verrait enfin un amiral suisse.

Cette alliance économique et commerciale n'affecterait nullement les institutions politiques, ni les justes susceptibilités nationales des peuples engagés par un pacte libre et volontaire. Serait-ce un premier pas vers le désarmement partiel ou complet dans notre vieille Europe qui, aux prises avec la concurrence du monde entier, épuise ses dernières ressources par l'excès d'un militarisme

universel écrasant et bientôt intolérable ?
Pourquoi non ? Toujours est-il qu'un groupe
homogène, aussi solidement constitué sur
terre et sur mer, formerait un *sextuor* mar-
quant dans le concert européen.

Rien de si facile que d'improviser à la lé-
gère des combinaisons vastes et séduisantes,
dont la réalisation deviendrait infiniment
malaisée. Ne nous laissons pas emporter à
des rêveries trop en dehors de notre cadre.
L'union latine ne serait pourtant que la
contre-partie d'un projet moins chimérique
d'union anglo-saxonne.

« Il est souvent et chaudement question
en Angleterre d'un rapprochement plus étroit
entre la métropole et ses colonies, sous le
nom impérial de *Greater Britain* (*plus grande*
Bretagne). La politique n'y joue qu'un très
faible rôle ; les esprits s'inspirent de l'intérêt
économique qui n'apparaît pas à tous de la
même manière. On le comprendra en deux
mots : la métropole est libre-échangiste, les

colonies sont protectionnistes. Il ne s'agit pas pour nous de dire : l'une a raison, les autres ont tort. Voilà le fait, actuellement irréductible. Aussi n'est-ce pas impossible, d'après certains symptômes, que l'Angleterre cède, avec la mort dans l'âme. Les colonies lui tiennent ce langage : Nous réduirions volontiers nos taxes douanières en ta faveur, si tu avais quoi que ce fût de semblable à nous offrir, mais tu nous traites comme tout le monde. Et déjà des voix puissantes (lord Salisbury entre autres) ont donné à entendre qu'il faudrait faire quelque chose pour contenter les colonies[1]. Si tout le monde devient protectionniste, la nation britannique pourrait se croire obligée de hurler avec les loups[2]. »

Quel curieux spectacle ce serait de voir

1. Le grand Congrès des agriculteurs, qui s'est réuni en décembre dernier à Londres dans le St. James Hall, a défendu les mêmes idées. N'oublions pas non plus les partisans du *Fair Trade.*

2. *L'empire britannique considéré comme union douanière,* par M. Fitgee, cité par le *Journal des Économistes.*

l'Angleterre, le dernier espoir des doctrinaires libre-échangistes, ramenée par ses colonies au système de la protection douanière ! Un revirement aussi complet se produira-t-il quelque jour ? Qui le sait ? En tout cas, comme l'un de nos ministres l'a dit judicieusement, « les Anglais ont été les apôtres du libre-échange, ils n'en seront pas les martyrs ».

Les intérêts commerciaux semblent destinés à classer prochainement les peuples de l'Europe et du monde, par groupes distincts, sous la forme de vastes associations douanières rivales et jalouses, en attendant l'ère non encore entrevue de la pacification et de la fraternité générales, seules conditions possibles du libre-échange universel.

FIN

IMPRIMÉ

PAR

CHAMEROT ET RENOUARD

19, rue des Saints-Pères, 19

PARIS